AF389826

RECVEIL D'ARRESTS ET

Reglemens de la Cour de Parlement, Pour la charge & fonction des Procureurs d'icelle.

Arreſt de la Cour de Parlement ſur le faict des Preſentations & Delaiz, que doiuent eſtre prins par les Procureurs & Greffiers, auparauant que de deliurer les defauts, congez defauts, auec readiournements defauts, & congez emportans profit, & la diſtinction des defauts & congez, &c.

1334.

1. A Cour deuëment informée de la longueur de l'expedition de Iuſtice, prouenant des Congez & Defauts & appel d'iceux pour abbreuiation de ladite expedition, A ordonné & ordonne par maniere de prouiſion, iuſques à ce que autrement en ſoit ordonné, que les defauts, & congez defauts, ſoit en matiere criminelle ou ciuille, leſquels n'emportent gain de cauſe, mais requierent readiournement pour veoir adiuger le profit d'iceux, ſeront enregiſtrez & deliurez par le Greffier, ſelon & en enſuiuant la derniere ordonnance ſur ce faicte.

2. ET que és premiers defauts emportans de leur nature gain de cauſe, ſecond defauts, & congez defauts ſur adiournement, pour veoir adiourner le profit des premiers & precedents defauts, & congez defauts, auſſi és congez ſimples qui pareillement emportent gain de cauſe, les cedulles d'iceux ſeront baillées & enregiſtéées aux Greffes des preſentations chacun iour de Samedy huict iours apres l'aſſignation eſcheuë, & à cette fin ſera tenu chacun Procureur qui mettra cedulle, cotter ſur icelle le iour de l'aſſignation ſuiuant ladite derniere ordonnance.

3. ET que ſi dedans le temps & delay cy-apres declarez, à conter du iour que leſdites cedulles ſeront ainſi enregiſtrées, les par-

A

ties contre lesquelles feront mifes lefdites cedules ne comparent, & leurs Procureurs ne fe cottent & fignent fur icelles audict regiftre, lefdicts defauts, congez defauts, & congez fimples, ainfi portans gain de caufe, ou autre profit, feront deliurez
par le Greffier des prefentations à ceux qui les requerront pour
eftre iugez; C'eft à fçauoir les congez & defauts feconds pour
les faire iuger, & les congez fimples, où n'y aura Procureur pour
les deliurer en forme le temps efcheu. Ainfi qu'il a efté accouftumé faire par cy deuant.

4. C E S T à fçauoir qu'aux affignations venans des Iurifdictions & reffors des pays de Lyonnois, Mafconnois, Beaujo-
lois, Forefts, hault-pays d'Auuergne, la Marche, Angoulmois &
la Rochelle, apres fix fepmaines.

5. E T quant au pays de Bretaigne, deux mois apres.

6. A V regard du pays d'Anjou, Poictou, Chaftellerault, Lou-
donnois, bas Auuergne & reffors enclauez en iceux, vn mois
apres à compter comme deffus.

7. D E S pays de Berry, Niuernois, Sainct Pierre le Mouftier,
Bourbonnois, Blois, Amboyfe, Touraine, le Maine, Boulenois,
Abbeuille, Peronne, Mont-didier & Roye, Amiens, Coucy,
Vermandois, Vitry, Chaalons, Sens, Auxerre, Troyes, leurs ref-
fors & enclaues, apres trois femaines.

8. Q V A N T à Orleans, Lorris, Chartres, Nemours, Montar-
gis, Chafteaudun, Eftampes, Mont-fort, Senlis, Meaux, Mante,
Meulan, & autres enclaues & Bailliages circonuoifins apres
quinze iours.

9. D E la ville Preuofté & Vicomté de Paris, apres huictaine.

10. E T au regard des caufes venans d'autres Parlemens par
euocation, ou autre commiffion du Roy, circonftances & dependances d'icelles, apres deux mois.

11. Q V A N D appellations venans des fieges conferuatrices
des priuileges, foient Apoftoliques ou Royaux, où fouuentefois
plufieurs perfonnes demeurantes en lointaines Prouinces font
conuenuz & diftraits de leurs Iurifdictions ordinaires, & en tou-

tes appellations comme d'abus, interiectez des Iuges d'Eglise, &
appellations interiectez de l'execution d'Arrests, Commissions
de ladite Cour & lettres Royaux, on se reglera selon la distance
de ladite Prouince où sont demeurans ceux contre lesquels seront demandez lesdits defauts congez, & defauts & congez
simples, selon ce que dessus est dit. Et à cette fin dedans ladite
cedulle seront tenus les Procureurs mettre & declarer le domicille, Bailliage & Seneschaulsee où sont demeurans ceux contre
lesquels ils veulent obtenir, & leuer lesdits defauts, congez, &
congez defauts. Et quant aux decrets d'adiournement personnels, prinse de corps, & adiournement à trois briefs iours, apres
la premiere assignation escheuë, les cedulles pour obtenir les
defauts sur ladite assignation seront mises & enregistrées comme dessus de Samedy en Samedy. Et quant aux trois premiers
defauts & adiournements personnels, & les deux premiers sur
l'adiournement à trois briefs iours: ils seront deliurez de huictaine en huictaine, apres lesdites cedulles enregistrées.

12. Et quant au quatriéme defaut sur lesdits adiournements
personnels, & troisiéme defaut sur lesdits adiournements à
trois briefs iours, qui emporteut gain de cause, seront deliurez
apres le temps dessus declaré, selon les Bailliages & Seneschaul-
sees où sont demeurans ceux contre lesquels seront lesdits defauts obtenus.

13. Tovs lesquels defauts, congez, & defauts congez simples, qui seront ainsi baillez & deliurez par les Greffiers chacun
en son esgard, seront de tel effect & valeur, comme s'ils auoient
esté appellez & donnez en iugement, pour le profit d'iceux estre
adiugé par ladite Cour.

14. Tovtesfois si auant la deliurance desdits defauts,
congez, & defauts congez simples, soit en matiere ciuile ou criminelle, les Procureurs d'iceux contre lesquels ils seront demandez auant la deliurance d'iceux, les font croyser sur le regiltre
pour aucune bonne & iuste cause, ils seront appellez en iugement. Et s'il est trouué que sans cause ils ayent croysé lesdits

defauts, congez, & defauts ou congez simples, seront condam‑
nez en leurs propres & priuez noms en cent sols parisis d'amen‑
de, ou autre plus grande, selon l'exigence du cas, qui sera sur eux
leuee sans deport.

15. A cette fin le Procureur qui aura croysé, sera tenu escrire
de sa main son nom sur la cedulle, qu'il croysera audit regiftre:
autrement ne sera differé à bailler & expedier exploicts en la
maniere deffusdicte.

16. A F I N qu'en ce ne soit commis aucun abus, fraude, de‑
ception ou supposition, chacun des Procureurs de ladite Cour
mettra son nom & paraphe, dont il vse communément, en vn
tableau qui sera gardé par les Greffiers : & sera ledit tableau re‑
nouuellé chacun an.

17. D E F E N D ladite Cour audit Greffier, de ne faire appeller
en iugement aucuns desdits defauts, congez, & defauts, &
congez simples, sinon ceux qui seront ainsi croysez & signez
que dit est, & les adiournez à comparoir en personne ou tenus
d'eux rendre prisonniers, qui seront exoynez. Lesquels exoy‑
nez seront oüys à iour de plaidoyrie.

18. D E F E N D ausdicts Procureurs sur peine d'amende arbi‑
traire, & à leurs Clercs, Soliciteurs & autres personnes quelcon‑
ques, sur peine de punition corporelle, de transporter hors des‑
dits Greffes les regiftres des Presentations où seront enregiftrez
lesdites cedulles.

19. E T quant aux seconds defauts, seconds congez simples,
ou seconds congez & defauts qui seront enregiftrez en la ma‑
niere deffusdicte, sur les appellations interiettees desdits Decrets
& adiournemens personnels de prise de corps, & adiournemens
à trois briefs iours par defaut de comparoir en personne, ou soy
rendre prisonnier : seront baillez & deliurez aux parties en la
maniere deuant dicte, apres le temps & delaiz dessus declarez
passez. Si n'est que lesdits adiournez, ou ceux contre lesquels est
decernee la prise de corps, comparent en personne en ladite
Cour, ou se rendent prisonniers des prises de corps & adiour‑

nemens à trois briefs iours dedans le temps de la deliurance defdits defauts, congez fimples, ou congez defauts : ou dans iceluy
certifient deuëment ladite Cour auoir comparu en perfonne,
ou eux eftre rendus prifonniers, pardeuant les Iuges defquels ils
font appellans. Et neantmoins a permis & permet ladite
Cour, & enioint aufdits Iuges Royaux, defquels lefdites appellations feront interiettees, que nonobftant lefdites appellations, & fans preiudice d'icelle, combien qu'elles foient interiettees d'eux comme de Iuges incompetans, d'executer lefdites prifes de corps. Et fi ladite appellation n'eft comme de Iuge in-
competant, paffer outre felon & enfuiuant lefdites Ordonnances Royaux.

20. Et à ce que des Ordonnances deffufdictes on ne puiffe
pretendre caufe d'ignorance, icelle Cour ordonne qu'elles feront leuës & publiees és principaux fieges Royaux inferieurs
reffortiffans en ladite Cour, apres la lecture & publication d'i-
celles faite en icelle Cour.

21. Et pource que par cy-deuant s'eft perdu & confommé
beaucoup de temps, à caufe des deffauts par faute de comparoir
pardeuant les Commiffaires commis par ladite Cour à la barre
d'icelle : Elle enioint aufdits Procureurs faire entre-eux les expeditions neceffaires, fans en empefcher lefdits Commiffaires.
Et s'ils ne le font, fera contre le non comparant donné defaut
& congé, felon l'exigence de la matiere, fauf trois iours. Et s'il
ne compare dedans lefdicts trois iours, pour remonftrer tout ce
que bon luy femblera, & luy eftant pourueu par lefdits Commiffaires, fera donné par ledit Commiffaire default ou congé,
fauf le lendemain, & fans plus appeller : lequel fera fignifié au
Procureur du deffaillant, ou à fon fubftitut. Ce fait, fera enre-
giftré pour eftre deliuré trois iours apres aux parties pourfuiuans, pour le profit eftre adiugé par ladite Cour ou les Commiffaires d'icelles, en la maniere accouftumee

22. Et a ordonné & ordonne ladite Cour, qu'apres les delaiz
d'apporter les procez par efcrit, les Sentences de deliberer, pre-

fenter comptes, & autres femblables emportans gain de caufe
efcheuz, les parties pourfuiuans pourront en la maniere deuant
dicte, faire enregiftrer au Greffe de ladite Cour lefdicts congez
& defauts. Lefquels feront deliurez apres les temps & delaiz
cy-deffus declarez, felon les lieux, Senefchaulfees & Bailliages,
ou font demeurans les parties contre lefquels ils feront demandez.

23.   E T pource que plufieurs inconueniens font venus, &
peuuent aduenir, de ce que fouuentefois quand les Huiffiers de
ladite Cour fignifient quelques Requeftes, lettres Royaux, defauts & autres chofes, ils n'en baillent coppies: Ladite Cour enioint aufdits Commiffaires builler promptement fi poffible eft,
lefdites coppies à ceux aufquels ils fignifiront lefdites lettres
Royaux ou autre chofe, en leur payant falaire raifonnable. Et fi
elles eftoient telles, que lefdits Huiffiers ne peuffent promptement fournir lefdites coppies: Ladite Cour leur defend de rendre leurs originaux aux parties fuppliantes ou impetrantes: leurs
Procureurs, Solicitenrs & autres, iufques à ce que lefdites coppies ayent par eux efté baillees aufdits Procureurs des parties ad-
uerfes s'ils les demandent: fur peine de foixante fols parifis d'a-
mende, qui fera leuee fans deport.

24.   D E F E N D ladite Cour au Greffier des Prefentations de
mettre en quelque roolle que ce foit, ordinaire ou extraordi -
naire, aucunes caufes, finon qu'il y ait Procureur d'vne part &
d'autre, & qu'ils foyent cottez fur ledict roolle à l'endroit de
chacune caufe.

25.   E T afin que tant en ce regard qu'autrement l'expedition
de iuftice foit accelefee, le pluftoft que poffible fera : ladite Cour
enioint aux Procureurs des parties, fur leurs confciences, & fur
peine d'amende arbitraire, qui fera leuee fans deport fur ceux qui
feront trouuez faifant le contraire , qu'incontinent qu'ils auront receu la charge de quelque caufe, ils fe declarent & cottent
fur le regiftre defdits defauts, congez, defauts & congez fimples
audit Greffe des Prefentations, fans attendre que le temps or-

donné pour la deliurance & expedition d'iceux, ſoit expiré &
paſſé, ſur peine de cent ſols pariſis d'amende, qui ſera leuee ſur
eux ſans deport.

26.   LADITE Cour a ordonné & ordonne, que les Procureurs des parties qui auront eſté condamnez en icelle és deſpens,
ſeront tenus de comparoir & aſſiſter pardeuant les Commiſſai-
res commis par ladite Cour, à taxer leſdits deſpens és lieux &
heures qui leur ſeront aſſignez, ſur peine de cent ſols pariſis d'a-
mende, qui ſera leuee ſans deport ſur les deſobeïſſans & delayans. Et ſi parties condamnees reuoquent leurs Procureurs:
Ordonne ladite Cour, qu'en faiſant ladite reuocation, ils ſeront
tenus en conſtituer autre, & le faire ſignifier dedans le iour au
Procureur de ſa partie. *Aliàs* en default de ce, ordonne ladite
Cour que ladite taxe de deſpens ſera faicte auec ledit Procureur
reuoqué, qui ſera tenu de comparoir comme deſſus, & comme
s'il n'auoit eſté reuoqué.

27.   ET afin que leſdicts Procureurs ne ſe puiſſent plaindre de
ſurprinſes: Enioint la Cour au Greffier des Preſentations, de faire regiſtre des congez qui ſeront pres à deliurer trois iours apres
le ſauf eſcheu, à ce que leſdicts Procureurs puiſſent veoir ce qui
ſera leué, & que le iour qu'ils ſeront baillez à leuer, ſoit mis audict Regiſtre, & trois iours apres ſeront deliurez. Publié l'an mil
cinq cens trente-quatre.

---

*Arreſt de la Cour, ſur le Reiglement des Aduocats & Procureurs
d'icelle, & abbreuiation deſ cauſes y affluentes.*

SVR la Requeſte preſentee à la Cour par la Communauté
des Procureurs en icelle, ſignee par le Procureur de ladite
Communauté, contenant que le nombre ancien de leurs predeceſſeurs auoit eſté de quatre-vingts, cent, ou ſix-vingts au plus:
& que pendant ce temps chacun d'eux auoit banc, pratique &
Clercs, qui par longue eſpace de temps demeuroient auec eux,

& eſtoient expers en pratique: en maniere qu'ils ne ſe feuſſent
oſez ingerer bailler requeſte pour eſtre Procureurs, qu'ils n'euſ-
ſent ſeruy par longue eſpace de temps : Et quant à ceux qui
n'eſtoient receuz Procureurs, ils ſe retiroient par les Bailliages
& Iuriſdictions de ce reſſort, les vns pourueus d'Offices, les autres à la pratique, leſquels offices & pratique ils ſçauoient tres-
bien exercer, par le moyen de ce qu'ils auoient veu & apprins au
Palais. Et au regard des Soliciteurs & autres que les Clercs demeurans au Palais, il n'eſtoit nouuelle d'eux preſenter pour eſtre
receuz Procureurs. Tellement que leſdits Procureurs deſlors
eſtoient tous bons praticiens, de bonne eſtime, reputation &
experience. Or depuis les Soliciteurs & autres, dont les aucuns
n'ont iamais ſeruy Procureur au Palais, s'eſtoient preſentez
pour eſtre Procureurs. Et par le moyen de leur importunité &
circonuention, le nombre deſdicts Supplians eſtoit tellement
augmenté, que de preſent ils eſtoient deux cens, ou plus. Deſquels y auoit grand partie, qui n'auoient banc ne pratique
eſtoient quatre ou cinq à vn banc à loüage, ayans peu de moyen
de gaigner leur vie : eſtoient encores cinquante ou ſoixante
pourſuiuans pour eſtre Procureurs: dont les aucuns eſtoient Soliciteurs, portans grand barbe : autres ayans eſté Clercs des
Procureurs quelque peu de temps : les autres ayans eſté notez &
reprins: & autres qui auoyent oüy ſeulement parler de pratique:
les aucuns deſquels ont femmes, enfans, maiſons à loüage &
groſſes charges. Pour leur entretenir auroient tellement pro-
phané l'eſtat de Procureur, que les vns eſtoient hoſtelliers pu-
blics, acheptans les cauſes de Meſſagers, des Procureurs de
Chaſtellet, & autres Iuriſdictions, ou les aſſocioient auec eux
de moitié & de profit qui en venoit; tenoient à loüage au Palais
quelque petit coing d'vn banc, empruntoient le nom d'vn
Procureur, & mettoient és cedules ou defauts le nom dudit
Procureur, & le leur au deſſoubs, ſe diſoient Procureurs és lettres qu'ils eſcriuoient aux parties. Tellement qu'il ne leur
reſtoient que le chapperon, Brigoient & corbinoient les pratiques,

ques, defroboient les facs & paquets, qui eftoient enuoyez aufdits fupplians : & auec l'intelligence qu'ils auoient aufdits Meffagers, s'il y auoit quelques lettres Royaux, ou autres expeditions
à faire, les faifoient & expedioient tellement quellement, dont
les pauures parties eftoient abufees : entreprenoient fur lefdits
fupplians: les faifoient reuoquer, & commettoient plufieurs autres maluerfations: Et s'il eftoit queftion d'expedier les caufes
defquelles ils auoient charge, & pour ce faire l'on parloit au
Procureur qui leur preftoit fon nom, il ne fçauoit que s'eftoit,
& renuoyoit aufdits pourfuyuans, defquels on ne fçauoit auoir
aucune expedition, pour ce que les aucuns n'y entendoient rien:
autres eftoient malins & ne vouloient expedier, pour crainte
des parties des Meffagers, ou des Praticiens qui leur en ont baillé charge: prenoient eux mefmes les defauts à la barre: faifoient
toutes autres pourfuittes auec infinies furprinfes: dont lefdits
fupplians & leur Communauté eftoient merueilleufement
fcandalifez, tant enuers la Cour, qui n'eftoit aduertie dont ve-
noient les fautes & furprinfes, qu'enuers les parties & autres. Et
s'il y auoit quelque banc qui vaquoit, ils alloient au deuant, &
les encherifloient: en maniere que lefdicts bancs qui fouloient
eftre donnez gratis, couftoient à prefent fix, fept, huict vingt, &
deux cens efcus, foit qu'il y euft refignation ou non: & n'en pouuoient finer ceux qui les auoient merité: Et voyans les Clercs
defdits fupplians la pourfuitte que faifoient les deffufdits pour
eftre Procureurs, ils auoient baillé Requefte, & pourfuiuoient
comme les autres. Laiffans leurs Maiftres, ne feruans par temps
competant. Et quand ils n'eftoyent Procureurs, ils acheptoient
quelques Offices, ou fe retiroient à la pratique par les Bailliages,
fans auoir quelque experience pour l'exercer.

1. A cette caufe requeroient lefdits fupplians, qu'il pleuft à la
Cour pourueoir pour l'aduenir à l'eftat & nombre defdits fupplians, à ce que chacun d'eux peuft viure honneftement foubs
l'authorité de ladite Cour, fans auoir occafion & eftre contraint
d'ainfi vilipender & prophaner leur Eftat: Et que defenfes fuf-

sent faictes à toutes personnes de tenir à loüage bancs, ou por-
tion de banc, destinez aux Aduocats & Procureurs, & ne faire
ou exercer estat de pratique directement ou indirectement, &
ne soy dire ne nommer Procureurs, s'ils ne sont actuellement
receuz. Faire aussi defense aux Procureurs sur grosse peine de
faire estat de marchandise, & tenir hostellerie publique : & pa-
reillemét ne prester leurs noms à autres, qui ne sont Procureurs,
sans permission de ladite Cour : ny occuper en quelques causes
que ce soit, sinon qu'ils fussent chargez, & eussent actuellement
les procurations, sacs & pieces : Faire encores defenses aux Mes-
sagers, sur peine de priuation de leurs Estats, & de punition corporelle, de bailler les lettres missiues, paquets & sacs à autres,
qu'à ceux ausquels ils sont addressez & enioindre de reueler à la
Cour ceux qu'ils verront faisans le contraire : & aussi de reueler
ceux qui sont coustumiers de maluerser, & ne veulent faire les
expeditions, ainsi qu'il est enioint par les Ordonnances : ou autrement pourueoir ausdits supplians de tel remede que ladite
Cour verroit estre à faire.

2. APRES que ladite Cour a veu ladite Requeste, & sur icelle
oüy le Procureur General du Roy, la matiere mise en deliberation, Et tout consideré : La Cour par son Arrest faisant droict
sur ladite Requeste, & en ayant esgard à icelle dit & declare, que
d'oresnauant ne seront receus en icelle, Procureurs en si grand
nombre que par cy-deuant ont esté, iusques à ce que ladite Cour
verra que ledit nombre qui est à present, soit reduit & restrainct
à nombre non effrené & non excessif.

3. ET afin que par cy apres aucun ne s'ingere pourfuiuir estre
receu en l'Estat de Procureur en ladite Cour, s'il n'a les qualitez
requises, & aussi que ladite Cour puisse plus facilement paruenir
à la reduction du nombre non effrené desdits Procureurs, icelle
Cour dit & declare, que d'oresnauant aucun ne sera receu en
l'Estat de Procureur, si premierement il n'est certifié par si bons
& notables Procureurs de ladite Cour, qui par elle ou les Com-
missaires qu'elle deputera, seront choisis, estre personnages d'ex-

perience & fçauoir au fait de la pratique, de qualité & preu-
d'hommie telle que l'Eftat de Procureur en ladite Cour le re-
quiert. Et outre auoir feruy audit faict de pratique aux Procureurs d'icelle Cour l'efpace de dix ans. Tant en ce qui concerne
la Chancellerie, maniement & façon des Regiftres, foit des Requeftes du Palais, foit de ladite Cour, qu'apres qui fe font par les
maiftres Clercs. Et en ces dix années auoir exercé trois ans entiers la charge de maiftre Clerc. Et defend à tous Clercs de prefenter Requefte à la Cour pour eftre receuz Procureurs, s'ils ne
font certifiez eftre qualifiez des qualitez fufdictes, & auoir demeuré auec les Procureurs d'icelle Cour le temps & l'efpace, &
en la forme & maniere que dit eft.

4. ORDONNE dauantage ladite Cour, que ceux qui prefen-
teront leurs Requeftes, afin d'eftre receuz Procureurs, combien
qu'ils auront certifié eftre tels que deffus ; neantmoins auant
qu'il foit procedé à leur reception, & faire-faire le ferment accouftumé, ils feront examinez en pleine Cour en la maniere accouftumée.

5. ET pource que l'on dit qu'il y a des Procureurs qui ne vont
également en befoigne, ains ne font que chercher fuittes & delays, & tergiuerfer: Ladite Cour leur reïtere, & de nouueau faict
les inionctions pareilles à celles-cy deuant faictes, de prendre
fans fuïr ne delayer, les appointements qui par l'ancienne Ordonnance leur font ordonnez prendre hors iugement, fans
donner occafion aux parties pourfuiuantes venir bailler Requefte à ladite Cour pour demander contrainte contre eux. Et
ce fur les peines par cy-deuant dictes, qui feront leuées fans deport fur ceux qui feront trouuez faire le contraire: & d'auantage
fur ceux qui feront trouuez couftumiers : fur peine de leur inter-
dire l'adminiftration de leur Eftat, à tel temps que ladite Cour
arbitrera: ou les en priuer felon l'exigence des cas, ainfi que ladite Cour verra eftre à faire.

6. ET afin qu'à l'aduenir foient cogneuz les fuyards, delayans
& tergiuerfateurs, ladite Cour enioint au Procureur de ladite

Communauté, fur peine d'eftre deputé infracteur du ferment
par luy faict en fa reception à ladite Cour,& d'amende arbitraire à la difcretion d'icelle, de releuer & denoncer à ladite Cour ou
aux Commiffaires qui par elle feront commis, ceux des Procureurs, qu'il fçaura & cognoiftra par luy ou par autres mal-verfer
en leurs Eftats exquerir delays & fubterfuges, pour puis apres en
eftre enquis par ladite Cour ou lefdits Commiffaires, aufquels le
Procureur de ladite Communauté fera tenu adminiftrer tefmoins, pour information faicte & veuë par icelle Cour: Et oüy
le Procureur General du Roy, proceder à l'encontre de ceux qui
feront trouuez coupables, à telle punition que ce foit exemple
aux autres. Enioint pareillement ladite Cour à tous les Procureurs de ladite Communauté en vertu du ferment qu'ils ont
faict à leurs receptions en ladite Cour, & fur peine d'eftre repu-
tez infracteurs d'iceluy,& d'amende arbitraire, faire femblables
reuelations & denonciations à ladite Cour, ou à fefdits Commiffaires, qui feront par elle deputez.

7.   Et entant que touche ceux qui abufent du nom de Procureur, ladite Cour inhibe & defend à tous Clercs du Palais, quels
qu'ils foient, fur peine d'eftre declarez inhabiles à iamais exercer
l'Eftat & Office de Procureur en icelle, & d'amende arbitraire à
la difcretion de ladite Cour : d'exercer aucunement l'Eftat de
pratique, foit en conduite de caufes, ou en expedition de lettres
de Chancellerie, ou autrement en quelle forme & maniere que
ce foit, fouz le nom emprunté d'vn Procureur, s'ils n'ont efté
premierement examinez par ladite Cour, & par elle trouuez
fuffifans & receuz au ferment de Procureur.

8.   Inhibe pareillement & defend ladite Cour à tous les
Procureurs de ladite Communauté, fur peine de fufpenfion de
leurs Eftats pour la premiere fois, & de priuation d'iceux pour
la feconde, prefter aucunement leurs noms aufdicts Clercs, &
poftuler pour eux: Faire aucun acte de Procureur, s'ils n'ont pardeuers eux la procuration, pieces & memoires de la partie ou
parties, pour lefquelles ils occuperont, fi n'eft qu'en aucuns cas

particuliers,la Cour pour aucunes caufes & confiderations veift qu'il fuft raifonnable de leur permettre. Aufquels cas entend ladite Cour, que le Procureur auquel elle permettra prefter fon nom, voye les pieces des matieres, comme fi elles luy auoient efté addrefsées par les parties : mefmes pour refpondre de ce dont il fera requis. Et à ce que fil y a faute commife,l'on fe puiffe addreffer contre luy.

9. ET au regard des bancs, ladite Cour defend & inhibe à tous les Aduocats & Procureurs ayans bancs en la grande Salle du Palais, deftinez aux Aduocats ou Procureurs, de bailler en quelque maniere que ce foit, place en leurs bancs à quelques perfonnages que ce foit, s'ils ne font Aduocats ou Procureurs receuz, & à pris moderé & non exceffif, & à fi petit nombre, qu'il n'y ayt au plus grand banc plus que de trois, en maniere que chacun des trois puiffe auoir place pour feoir luy ou fon Clerc. Et defend auffi aufdits Clercs d'en tenir & occuper aucuns, iufques à ce qu'ils feront receuz Procureurs fur la peine fufdite.

10. ET au regard de ceux qui vont au deuant des Meffagers, apportans au Procureurs aufquels ils font addreffez, les facs & paquets des parties, pour lefquels ils viennent : Ladite Cour pour à ce obuier, en l'aduenir inhibe & defend à tous Procureurs, Clercs, Soliciteurs & autres quelconques, d'aller au deuant defdits Meffagers, & prendre d'eux les paquets qui s'addreffent à autres qu'à eux, & les ouurir, fur peine quant aufdits Procureurs, de priuation de leurs Eftats, & quant aufdits Clercs d'eftre perpetuellement inhabiles de tenir & exercer Eftat de Procureur, & autre punition à la difcretion de ladite Cour. Et quant aux autres, fur peine de prifon, & de telle punition que ladite Cour arbitrera.

11. DEFEND auffi aufdits Meffagers apportans lefdits pacquets, fur peine de prifon & de punition corporelle, de bailler les pacquets à autres qu'à ceux à qui ils f'adreffent. Et afin qu'il foit procedé contre ceux qui par cy-deuant ont abusé, à puni-

tion & correction exemplaire : Ordonne ladite Cour qu'il en
fera enquis par ledit Procureur de la Communauté, lequel ad-
miniftrera les tefmoins aux Commiffaires de la Cour, qui à ce
feront par elle deputez.

12.   Et en tant que touche l'intelligence & communication
de profit, que l'on dit aucuns Procureurs de ladite Communauté auoir auec Procureurs eftranges & folliciteurs, pour paruenir
à auoir pratique des Bailliages & refforts de ladite Cour, icelle Cour defend à tous les Procureurs d'icelle, fur peine de
fufpenfion de leurs Eftatz pour la premiere fois, & de priuation pour la feconde, d'auoir directement ou indirectement
intelligence, marchandife ou communication de profit auec
des Procureurs de Chaftelet de Paris, & autres qui leur en-
uoyent caufes.

13.   Et fi aucuns font qui ce facent, enioint audit Procureur
de la Communauté en vertu du ferment qu'il a faict, & fur peine
d'eftre reputé infracteur d'iceluy, en aduertir ladite Cour, & adminiftrer tefmoins pour en informer, pour proceder contre
ceux qui font trouuez coulpables, à punition & correction
exemplaire.

14.   Et quant aux corbineurs, dont eft faict mention en la
prefente Requefte, qui vont au deuant des Meffagers & des
pauures parties, & les circonuient, & prennent l'argent qu'ils
apportent, qu'ils deftrobent, fans ce que les pauures parties ayent
ou puiffent auoir l'expedition, pour laquelle elles font venuës
ou ont enuoyé Meffager en cette Ville : Ladite Cour inhibe &
defend à tous Procureurs, Praticiens, Clercs, Solliciteurs, ou autres quelconques hantans le Palais, ou eftans d'ailleurs, d'vfer de
la fallace & circonuention que l'on dict corbinerie, fur peine :
c'eft à fçauoir quant aux Clercs de confifcation de leur patri-
moine & temporel, & banniffement de ce Royaume : & quant
aux lais de la hart. Et fur les mefmes peines leur enioint laiffer
venir librement fans bailler empefchement ne detourber par
ladite circonuention & fallace, & corbinerie ou autrement, les

Meſſagers & pauures parties, ayans affaire au Palais aux Procureurs, auſquels ils ſont adreſſez.

15.   E T pour punir de punition exemplaire ceux qui vſent &
ont vſé par cy-deuant de la directe circonuention & fallace &
corbinerie, comme de fard & faulſeté, enioint ladite Cour auſdicts Procureurs de ladite Communauté, ſur peine d'eſtre reputé
violateur du ſerment par luy faict : Semblablement aux autres
Procureurs de ladite Communauté, ſur ſemblables peines, venir
reueler à ladite Cour dedans trois iours , ceux qu'ils ſçauent
auoir vſé d'icelle fallace & circonuention de corbinerie.

16.   E T au regard des Procureurs que l'on dit tenir hoſtellerie, & demener train de marchandiſe : Ladite Cour pour y pouruoir & donner ordre, inhibe & defend à tous les Procureurs de
ladite Communauté , ſur peine de ſuſpenſion de leurs Eſtatz
pour la premiere fois à tel temps que la Cour arbitrera, & de priuation pour la ſeconde , de tenir directement ou indirectement
hoſtellerie ou train de marchandiſe, par ſoy ou par autre, ne faire
aucun acte derogeant à l'Eſtat & Office de Procureur en Cour
Souueraine : ains au contraire leur enioint en vertu du ſerment
qu'ils ont fait à leurs receptions, de preferer l'honneur à leurs
Eſtats leur profit particulier.

17.   E T pource que ladite Cour eſt deuëment aduertie, que
pluſieurs Procureurs d'icelle refuſent & delayent longuement
aller conclure au Greffe és procez par eſcrit : & que ſur ce y a pluſieurs Requeſtes baillées à ladite Cour : ſur leſquelles elle ordonne, qu'inionction ſera faicte auſdicts Procureurs d'aller conclure, & ſe couurent que le procez par eſcrit ſe peut vuider ſur le
champ : Ladite Cour enioint à tous les Procureurs aller incontinent qu'ils ſeront requis conclure au Greffe dedans trois iours
és procez par eſcrit qui ne ſe doiuent iuger ſur le champ par
l'Ordonnance, & ce ſur peine de quarante ſols pariſis d'amende.
Et ſils ſont encores delayans, & qu'il y ait Requeſte baillée à ladite Cour pour leur faire nouuelle inionction d'aller conclure
dedans trois autres iours. Et ſi dedans iceux ils ne vont conclure

au Greffe ; Declare ladite Cour qu'ils feronr enregiſtrez pour
cent ſols pariſis d'amende. Et permet en ce cas à la partie pourſuiuant faire mettre la cauſe au rolle des procez par eſcrit. Et où
il ſera trouué que ledit procez par eſcrit ne ſera de la qualité de
ceux qui doiuent par l'Ordonnance eſtre vuidez ſur le champ,
ſera outre les amendes ſuſdictes, le Procureur qui aura eſté refu-
ſé iniuſtement & ſans cauſe ou excuſation legitime, d'aller conclure au Greffe, condamné ſur le champ en dix liures pariſis d'a-
mende enuers le Roy , & enuers la partie pourſuiuant pour la
reparation qu'elle peut pretendre à la retardation faicte par ledit Procureur, en telle ſomme de deniers que ladite Cour verra
eſtre à faire par raiſon.

18.   D A V A N T A G E ladite Cour ayant veu & cogneu le bruit
qu'ont faict par cy-deuant pluſieurs Aduocats & Procureurs, re-
querans au commencement de la plaidoirie les appointemens
contre eux accordez hors iugement eſtre enregiſtrez , & que
pluſieurs d'eux ſe leuoient enſemblément faiſans grande accla-
mation, troublant le ſilence qui doit eſtre en expedition de la
Iuſtice : A ladite Cour enioint aux parties & leurs Procureurs,
entre leſquels y aura appointement accordé hors iugement par
l'aduis de leurs Aduocats, & ne reſtera que le paſſer en iugement, de bailler leſdicts appointemens ſignez deſdicts Procureurs , & du Procureur General du Roy auant qu'entrer en la
plaidoirie à l'Huiſſier qui doibt appeller les cauſes, & auec leſdicts appointemens attachez vne cedulle contenant les qualitez des parties , au deſſus de laquelle y aura appointemens à
paſſer.

19.   E T enioint ladite Cour à l'Huiſſier qui appellera les cauſes, d'appeller leſdites cedules deſdicts appointemens à paſſer
par ordre : Et defend auſdites parties & leurs Procureurs ſur peine de vingt ſols pariſis d'amende, de ſe leuer pour demander la
reception & enregiſtrement de leurs appointemens : ſi n'eſt à
l'heure que la cedule qu'ils auront baillee ſera appellee d'eux,
ne ſe leuer pluſieurs à la fois. Et defend ladite Cour audict

Huiſſier

Huiſſier qui appellera leſdites cauſes , d'en appeller autrement.

20.   ET pource qu'aucunefois les Procureurs ou Aduocats qui doiuent declarer & certifier à la Cour leſdicts appointemens auoir eſté entr'eux accordez hors iugement, ne ſe trouuent au commencement de la plaidoirie pour ce faire. Declare ladite Cour, que ceux deſdicts Aduocats & Procureurs, qui ne ſe trouueront preſent, quand les cedules deſdicts appointemens à paſſer ſeront appellées, & par la faute deſquels leſdicts appointemens ne ſeront receuz & enregiſtrez : Par Ordonnance de la Cour ſeront promptement & ſur le champ enregiſtrez par le Clerc du Greffe, qui redigera la plaidoirie pour vingt ſols d'amende, laquelle ſera leuée ſur eux ſans deport, ſ'ils n'ont eu excuſation legitime.

21.   ET ſi à l'heure que leſdicts Aduocats & Procureurs viendront à l'Audiance, on a paracheué à appeller leſdites cedules deſdicts appointemens à paſſer , & commencé plaider autres cauſes: Leur defend ladite Cour durant ladite Audiance, de plus demander l'enregiſtrement de leurs appointemens , ſi n'eſt que par aduenture la cauſe, dont on demande l'appointement, accordé eſtre enregiſtré, fuſt lors au tour de roolle en meſme Audiance : Et afin que les Aduocats des parties, par l'aduis deſquels les appointemens que l'on requerra eſtre enregiſtrez , auront eſté accordez, ne ſoient ſurprins, & puiſſe entendre le iour que l'on appellera les cedules deſdicts appointemens à paſſer: Enioint la Cour aux Procureurs qui bailleront la cedule pour paſſer l'appointement, les en aduertir le iour precedent: Et en defaut de ce que l'on trouuera que la faute vient du Procureur, & non de l'Aduocat: Declare ladite Cour que l'amende, pour laquelle auoit eſté enregiſtré l'Aduocat, ſera leuée ſur le Procureur qui ne l'aura aduerty, & non ſur ledit Aduocat.

22.   ET pource qu'aucuns pourroient bailler des cedules pour paſſer appointement qui ne ſeroient entierement accordées entre les parties, ou leurs Procureurs: Defend ladite Cour

aufdictes parties & leurs Procureurs fur peine de quarante fols
parifis d’amende, de bailler lefdicts appointemens auec cedules
pour iceux faire enregiftrer, f’ils ne font entierement accordez
entre lefdites parties ou leurs Procureurs par l’aduis de leur Confeil, & qu’ils foient fignez par lefdicts Procureurs, & Procureur
General ; & foient lefdites parties ou leurs Procureurs confen-
tans qu’ils foient enregiftrez en maniere qu’il ne foit befoin entrer en plus longue plaidoirie. Et où il feroit queftion d’y entrer, & que l’vne des parties ou le Procureur d’icelle defentiroit
de l’appointement pretendu eftre accordé: Enioint ladite Cour
aufdictes parties ou Procureurs d’icelle, qui pretendent l’appointement auoir efté paffé, de pourfuiuir l’expedition de la
caufe à tour de roolle ordinaire ou extraordinaire, en la maniere
accouftumée: En referuant toutesfois par ladite Cour de con-
damner la partie ou Procureur qui fe fera volontairement &
fans caufe defifté dudit appointement accordé & figné en telle
reparation enuers la partie, & amende enuers le Roy, que ladite
Cour verra eftre à faire par raifon.

23. ENIOINT auffi ladite Cour aux Aduocats & Procureurs
d’icelle fur peine de vingt fols parifis d’amende, de faire rediger
par efcrit les appointemens qu’ils accorderont hors iugement,
tant és caufes qui ne font és roolles ordinaires ou extraordinaires, defquels l’on plaide, ou defquelles les parties ont Audiance,
qu’és autres qui font efdicts roolles & fignez par lefdicts Procureurs, & auffi par le Procureur General du Roy, afin que la
Cour ne foit longuement detenuë au recit defdicts appointemens. Et où pour aucune bonne & iufte caufe, lefdicts Aduocats & Procureurs n’auroient peu faire rediger par efcrit leurf-
dicts appointemens accordez és caufes efdicts roolles ordinaires ou extraordinaires, dont l’on plaidera, ou dont les parties auront Audiance extraordinaire: Auant que venir en Iugement,
leur enioint ladite Cour, quant les caufes, fur lefquelles ils ont
accordé lefdicts appointemens, feront appellées, de reciter lefdicts appointemens briefvement & par ordre, & qu’ils foient

entierement d'accord sur le tout auant que venir à l'Audiance. Et où ils ne seront entierement d'accord, leur defend sur ladite peine de vingt sols parisis d'amende de tenir la Cour sans propos, ains leur enioint plaider leurs causes.

24. TOVTESFOIS n'entend ladite Cour, que où il y auroit plusieurs instances, & qu'en aucunes d'icelles ils seront d'accord, & non aux autres, qu'ils ne puissent reciter l'appointement qu'ils ont accordé pour estre prononcé: Et quant aux poincts esquels ils ne seront d'accord, leur defend entrer en controuerse sur l'accord qui n'a esté du tout arresté. Mais leur enioint plaider au peril de l'amende, sur la partie qui aura refusé sans cause apparente d'accorder l'appointement.

25. ET pource que ladite Cour a veu & cogneu bien souuent que pour les Aduocats des parties n'estre au commencement de la plaidoirie, aucunes causes du roolle n'ont esté baillé exploit à la partie qui auoit ses Aduocats & Procureurs presens: Ladite Cour enioint à tous les Aduocats chargez des causes, de se trouuer au commeniement de la plaidoirie. Et où ils ne se trouueront à l'heure que les causes dont ils sont chargez seront appellées: Declare icelle Cour qu'ils seront enregistrez par le Clerc, qui redigera la plaidoirie pour l'amende de vingt sols parisis. Et sera reserué à la partie, contre laquelle aura esté donné exploict, son recours pour ses dommages & interests contre l'Aduocat, par la faute duquel l'exploit aura esté donné, lequel ne sera puis apres receu à faire rappeller la cause; si ce n'est que pour aucune bonne & iuste cause, il fust trouué excusable. Auquel cas toutesfois luy defend la Cour de requerir la cause estre appellée, & iusques à ce que les autres causes qui auront esté commencées, seront paracheuées; ne d'interrompre aucunement l'expedition d'icelles autres causes, si ce n'est que l'heure fust prochaine à sonner. Et aussi ladite Cour en reïterant les inionctions par cy-deuant faictes, & icelles plus amplement declarées, enioint ausdits Aduocats en plaidant, declarer briefvement & succinctement sans couleurs ou desguisemens, & sans deduire aucune chose

impertinente & non feruant, les faicts des caufes à la verité, fans icelle aucunement couurir ou cacher. Et à ceux qui plaideront pour les appointemens, d'auoir à la main pour lire prompte-ment. En concluant en la caufe d'appel, les actes & exploicts, par lefquels ils entendent verifier & monftrer leur principal grief, afin que les Aduocats des parties inthimées ou appellées y puif-fent refpondre plus facilement. Aufquels Aduocats defdites par-ties inthimées, ladite Cour enioint auffi de faire le femblable, & auoir és mains en concluant les actes & exploicts feruans à la iuftification de leurs defenfes pour les dire promptement.

26.　E T fi enioint à tous lefdicts Aduocats qu'en lifant lefdi-tes actes & exploicts, & autres pieces feruans à la decifion de la caufe, ils les lifent veritablement & entierement fans obmiffion, interruption ou defguifement, és poincts & endroits feruans à la caufe, tant pour l'vne partie que pour l'autre. Et ce fur peine de vingt fols parifis d'amende, & d'autre plus grande amende arbitraire, quant à ceux qui feront trouuez couftumiers, pour la-quelle feront regiftrez par le Clerc qui redigera la plaidoirie, & fera leuée fur eux fans deport.

27.　A V S S I ladite Cour inhibe & defend aux Procureurs d'i-celle, de bailler d'orefnauant aucunes cedules, pour faire rappel-ler les caufes qui ont efté vne fois appellées à tour de roolle. Mais enioint ladite Cour au premier Huiffier d'icelle, ou autre qui appellera les roolles ordinaires ou extraordinaires : & auffi au Clerc du Greffe des Prefentations qui affiftera à la plaidoirie, de marquer les caufes qui feront remifes à autre iour, de la mar-que qui leur fera baillée par ladite Cour, & y mettre au deffoubs leur feing & paraphe, & cotter le iour auquel ladite caufe fera re-mife & audit Huiffier les rappeller audit iour, par ordre, au com-mencement de la plaidoirie, apres que les cedules des appointe-mens accordez hors iugement entre les Procureurs des parties feront appellées.

28.　E T defend ladite Cour audict Huiffier de les appeller à autre iour que celuy qu'elles auront efté remifes, fi n'eft que

pour aucune bonne & iuste cause ladite Cour l'eust ordonné. Et
où quand elles seront rappellées audict iour qu'elles auront esté
remises, il n'y aura aucun Procureur requerant exploict : Ordonne ladite Cour que ladite cause sera croisée comme rayée,
pour n'estre plus appellée, en reseruant aux parties leurs recours
contre leurs Procureurs, par la faute desquels n'y auroit eu exploict donné à leur profit. Lesquels Procureurs seront enregistrez promptement & sur le champ pour l'amende de vingt sols
parisis, reserué aussi ausdites parties de bailler leurs Requestes à la
Cour pour auoir Audiance extraordinairement, si ladite Cour
voit qu'il y ayt iuste cause de la donner, & qu'il n'y ayt exploict
donné à tour de roolle.

29. Et où au premier appel estant ausdicts roolles ordinaires
ou extraordinaires, n'y aura aucun Procureur requerant exploict, & que la cause sera entiere, & non rayée de leur consentement : Ladite Cour declare, afin que la negligence des Procureurs ne puisse nuire aux parties, qu'au premier iour que l'on appellera dudit roolle, ladite cause sera rappellée.

30. Et pour ce faire sera marquée dedans ledit roolle, tant par ledit Huissier qui appellera les causes, que par ledit Clerc du Greffe des Presentations d'vne autre marque speciale, qui leur sera à
cette fin baillée par ladite Cour, & de seing & de paraphe dudit
Huissier au roolle qu'il appellera, & dudit Clerc des Presentations au double qu'il aura, sans ce qu'il soit besoin de bailler par
les parties audict Huissier aucune cedule. Toutesfois n'entend la
Cour, que le Procureur General du Roy ne puisse demander
contre l'appellant congé ou default, s'il est adiourné en desertion, s'il n'y a Procureur pour luy. Seront neantmoins lesdicts
Procureurs qui ne seront trouuez à l'appel des causes de leurs
parties enregistrez pour l'amende de vingt sols parisis. Et si au
second rappel desdites causes, encores derechef lesdicts Procureurs sont trouuez defaillans d'eux trouuer lors que lesdites causes seront rappellées, seront derechef enregistrez pour autre
vingt sols parisis d'amende. Et sera la cause croisée comme rayée,

pour n'estre plus rappellée au tour dudit roolle, en reseruant aux parties leurs recours pour leurs dommages & interests contre leursdits Procureurs: & aussi de pouuoir bailler Requeste, s'il n'y a exploict donné à ladite Cour pour auoir Audiance extraordinairement, si ladite Cour voit que pour aucunes bonnes causes faire se doiue.

31.   ET où il y auroit aucunes causes rayées au roolle, sans appointement precedent accordé entre les parties où leurs Procureurs, & sans le consentement de toutes les parties ou de leurs Procureurs: Permet ladite Cour au Procureur de la partie qui n'a accordé l'appointement ne le rayement de la cause, pouuoir demander à l'endroit que ladite cause ainsi rayée viendra estre appellée à tour de roolle, qu'elle soit appellée. Et ordonne ladite Cour au premier Huissier ou autre qui appellera le roolle, de l'appeller.

32.   ET pource que aucunesfois lesdites causes sont si auant rayées ou couuertes d'ancre, que l'on ne les peut lire: Enioint ladite Cour au Clerc des Presentations, d'auoir tousiours en la main vn double dudit roolle, & le bailler incontinent à l'Huissier qui appellera les causes, pour appeller ladite cause qui aura esté mal rayée.

33.   ET afin que d'oresnauant aucun n'attente de faire tel rayement des causes esdicts roolles ordinaires ou extraordinaires, qui sont actes & documens publiques, consequemmeut le rayement des causes estant esdicts roolles ordinaires ou extraordinaires induëment faict en iceux, emporte espece de faulseté: Defend ladite Cour aux parties, Procureurs, Clercs, Solliciteurs, & autres quelconques, de faire aucun rayement des causes estans esdicts roolles, si ce n'est qu'il y ait appointement prealablement passé entre les parties ou leurs Procureurs: & qu'il y ait esté par icelles parties ou leursdicts Procureurs, accordé la cause estre rayée: & ce sur peine d'estre punis de telle peine que de droict.

34.   ET enioint ladite Cour aux Procureurs d'icelle, & autres frequentans la pratique au Palais, sur peine de vingt liures pa-

rifis d'amende, de venir reueler à ladite Cour ceux qu'ils fçauront auoir rayé lefdites caufes.

35. ET afin que les rayemens d'icelles caufes d'orefnauant ne puiffent empefcher le rappel d'icelles, f'il eft ainfi permis par ladite Cour : Defend icelle Cour aux parties, Procureurs, Clercs, Solliciteurs & autres quelconques, de rayer ou couurir d'ancre lefdites caufes,fur peine de vingt liures parifis d'amende, & d'autrepunition,à la difcretion de ladite Cour: Mais leur enioint, où les parties ou Procureurs d'icelle feront d'accord la caufe eftre rayée, de faire feulement des entrelignes, & en la marge des roolles vne croix,auec le feing & paraphe du Procureur qui aura fait lefdites entrelignes & croifement.

36. ET neantmoins enioint ladite Cour aufdites parties ou leurs Procureurs en tous les cas deffufdicts, efquels les caufes feront rappellées d'auoir vne cedule d'icelle caufe contenant les qualitez des parties en la main & promptement, pour la bailler au Clerc du Greffe, qui redigera la plaidoirie, pour pouuoir plus facilement enregiftrer lefdites caufes felon leur ordre. Prononcé en pleine Audiance de la Cour, le dix-huictiéme iour de Decembre mil cinq cens trente-fept.

Lettres Patentes du Roy, portant deffences à tous Clercs, Solliciteurs & autres quelfconques, n'eftant Procureur, de faire ny exercer l'Eftat de Procureur aux Cours Souueraines, ny autres Iurifdictions, foubs quelque occafion que ce foit, ny occuper les Bancs & places des Aduocats & Procureurs : Auec deffences aux Procureurs de les y receuoir, ny prefter leurs noms.

HENRY par la grace de Dieu Roy de France. A tous ceux qui ces prefentes Lettres verront, Salut. Comme Nous ayans deuëment efté aduertis qu'en noftre Palais à Paris y a grand nombre de Clercs Solliciteurs & autres, la plufpart inexperts de l'Eftat de Procureur,lefquels neantmoins tiennent en la

Salle de noſtredit Palais, Bancs deſtinez aux Aduocats & Procureurs en noſtre Cour de Parlement, ont Clercs, ſe diſent, & faul-
ſement intitulent Procureur, font, conduiſent & exercent l'Eſtat
de Procureurs, tant en noſtredite Cour, Generaux des Aydes
Requeſtes & autres Iuriſdictions, pullule, croiſt & augmente
chacun iour ledit nombre, & par tels moyens indeſcents : Les
Edicts de feu noſtre tres-cher Seigneur & Pere que Dieu ab-
ſolue, de nos autres Predeceſſeurs & de Nous, ſur la reduction
des Procureurs à nombre compctant, & inhibitions faictes, tant
par iceux que par pluſieurs Arreſts & Iugemens de noſtredite
Cour, ſont enfraints, & nos vouloir & intention fraudez, dont
ſ'enſuiuent pluſieurs ſurpriſes, pilleries, exactions, & autres inconueniens, meſme en eſt le ſtile de noſdites Cours & Iuriſdictions du tout peruerty, & nos Chancelleries & Cours Souueraines grandement vexées de Lettres en forme de Requeſte Ciuile,
que les pauures parties ſont contraints d'obtenir, pour eſtre rele-
uez deſdites ſurpriſes, au grand ſcandale de la Iuſtice, foule &
oppreſſion de noſtre pauure peuple, & à noſtre tres-grand re-
gret & deſplaiſir.

 POVRCE eſt-il que Nous qui deſirons de tout noſtre pouuoir les cauſes, querelles de nos ſubiects eſtre traictées, conduites
& demenées par gens de bien, experts, & ayans ſerment à nos
Cours Souueraines & autres nos Iuges, & non par autres à ce
que plus ſincerément, briefvement & commodément Iuſtice &
raiſon leur en puiſſe eſtre renduë : Auons de noſtre certaine ſcien-
ce, pleine puiſſance & authorité Royale. Inhibé & deffendu,
inhibons & deffendons à tous leſdicts Clercs, Solliciteurs & autres quelſconques n'eſtans Procureurs, & n'ayans eſté receuz à
l'Eſtat de Procureur, & faict le ſerment en tel cas accouſtumé de
faire, n'exercer Eſtat de Procureur en noſdites Cours Souueraines & autres Iuriſdictions inferieures, ſoit en leurs noms ou ſouz
le nom emprunté des Procureurs ne autrement, directement
ou indirectement en maniere quelconque, ou ſoubs quelque
couleur ou occaſion que ce ſoit : & d'obtenir & occuper les
Bancs

Bancs & places deſtinez aux Aduocats & Procureurs, mettre &
inſcrire, faire, mettre, & inſcrire leurs noms és Regiſtres, roolles,
eſcritures & autres actes de Iuſtice, & ne ſe dire, ou intituler Procureurs: Et commandons tres expreſſément à ceux de la qualité
deſſuſdicte qui ont Bancs en noſtre Salle du Palais à Paris, deſtinez d'ancienneté à l'vſage des Aduocats & Procureurs de noſtredite Cour, d'en vuider leurs mains à gens dudit Eſtat d'Aduocat
& Procureur, dedans vn mois apres la publication de ces preſentes: & où ils n'auront ce faict actuellement, & ſans fraude dedans le temps & terme deſſuſdit. N o v s, dés maintenant, comme pour lors, auons iceux Bancs declarez & declarons vaccans &
impetrables, & voulons que comme tels ils ſoient donnez aux
perſonnes ayant ſerment en noſtredite Cour, à l'vſage deſquels
ils ont eſté d'ancienneté deſtinez. Inhibons pareillement, & deffendons à tous & chacuns leſdicts Procureurs ayant faict ſerment, & eſté receuz audict Eſtat de Procureur, tant en noſdites
Cours Souueraines que inferieures de ne ſouffrir, ne permettre
que tels Clercs, Solliciteurs & autres, non ayans eſté receuz audict Eſtat, & ſerment de Procureur poſtulant ne patrocinent,
ou facent quelque acte de Procureur, & ne leur preſtent à cette
fin leurs noms couuertement ou appertement, ne autrement en
quelque maniere que ce ſoit: & à nos Iuges & Greffiers de ne les
y ſouffrir ne admettre, le tout ſur peine quand auſdicts Procureurs de priuation de leurs Eſtats, d'encourir crime de faux, de
declaration de nullité des actes & expeditions que ainſi auroient eſté faictes, & de condamnation de deſpens, dommages
& intereſts enuers les parties. Et quand auſdicts Clercs d'encourir auſſi crime de faux, d'eſtre declarez inhabiles à iamais de
l'Eſtat de Procureur, de punition corporelle, & autre amende arbitraire, à la diſcretion de noſdictes Cours Souueraines & Iuges
inferieurs. Et encores commandons tres-expreſſément auſdicts
Procureurs, & à chacun d'eux, ſur peine d'eſtre declarez infracteurs de leurs ſermens, & d'amende arbitraire, de d'oreſnauant
reueler incontinent & ſans delay, n'aucune diſſimulation à noſ-

D

dites Cours & Iuges inferieurs, les infracteurs de nos presens
Edicts, vouloir & deffence, pour estre contre eux procedé à la
declaration desdites peines, & autrement en maniere que ce
soit, exemple à tous.

Si DONNONS en mandement par cesdites presentes, à nos
Amez & feaux Conseillers, les gens tenans nos Cours de Parlement, Generaux de nos Aydes, Preuost de Paris, Baillifs, Senes-
chaux, & autres nos Iuges, ou leurs Lieutenans, & chacun d'eux
en droict soy, & si comme à luy appartiendra, que nos presentes
Lettres d'Edict, Declaration, vouloir & deffence, ils facent lire,
publier & enregistrer en nosdites Cours & Iurisdictions, & icelles entretenir & garder inuiolablement sans enfraindre. Et
neantmoins leurs mandons, commandons, & tres expressé-
ment enioignons, & à chacun d'eux, que ils informent ou facent informer diligemment des contrauentions & desobeïssan-
ces que par cy-deuant ont esté faites par les Arrests de nostredite Cour, concernant cette matiere. Et à l'encontre des infracteurs & desobeïssans, procedant extraordinairement, ainsi que
ils verront estre à faire tellement que nosdits Edicts ayent lieu,
& que ce soit exemple à tous autres. Et enioignons à nos Procureurs generaux & particuliers, d'en faire respectiuement la
poursuitte & diligence, & nous en certifier, ou nostre Amé & feal
Chancelier dedans vn mois prochainement venant. Car tel est
nostre plaisir. Et pource que de cesdites presentes l'on pourra
auoir affaire en plusieurs & diuers lieux. Nous voulons que au
vidimus d'icelles, signé d'vn de nos amez & feaux Notaires &
Secretaires, ou faict soubs seel Royal, foy soit adioustée, comme
audit original. Donné à Paris le 29. iour de Iuin l'an de grace
1549. Et de nostre Regne le troisiéme. Ainsi signé sur le reply,
Par le Roy en son Conseil. BOCHETEL. *Lecta publicata &*
registrata audito Procuratore generali Regis, & hoc requirente prout
in registro hac die iudicialiter facto continetur. Actum Parisiis in Par-
lamento vndecima die Februarij, Anno Domini millesimo quingentesi-
mo quadragesimo nono. Ainsi signé, DV TILLET. Et seellé
de cire iaune sur double queuë.

SVR les Lettres Patentes du Roy, données à Paris le 29. iour de Iuin l'an 1549. & dernier paffé, touchant les Proureurs, Clercs & Solliciteurs, empruntans les noms d'aucuns Procureurs & exerçans practique foubs lefdicts noms empruntez, & auffi touchant les Bancs qui font en la grande Salle du Palais, deftinez à l'vfage des Aduocats & Procureurs de la Cour de ceans, qui tiennent & occupent lefdits Clercs & Solliciteurs, ainfi comme il eft amplement contenu & declaré par lefdites Lettres. Apres qu'elles ont efté leuës, & que N. Seuin pour M. R. Guillemot, Procureur de la Communauté des Procureurs de ladite Cour, & Marillac pour le Procureur General du Roy, ont requis que fur le reply d'icelles Lettres fuft mis que elles auoient efté leuës, publiées & enregiftrées: Et que de la Porte pour Pierre le Mée, Michel Dumont, Pierre Landas, Charles Maraualla, Riant pour Gilles Ogeron, René Alleaulme, Vincent le Roy, Iacques Cheual, Iean Bauffant, Pierre Tredot, Pierre Trouué, Nicole Delif, Aubert du Val, François Mefnade, Ambroife Amy, Claude Garnier, René Chicay, Gilles Boullaud, Eftienne Brifebart, René Huault, Sarde Chapet, Iacques Meffuard, le Febvre pour François Courtin, Iean Billon, Dumefnil pour Pierre Nicolas, Regnart pour Thomas Dormaron, Boucherat, pour Claude Chorel, de Longueual pour Charles Moreau, du Boille pour Blaife Defchamps, Aymery pour François Lambert, Iean Deuilliers, Girard du Chemin, Iean Bernard, & Pierre Gohory, enfans de Procureurs de la Cour de ceans: Tous les deffufdits Clercs afpirans à l'Eftat de Procureurs en icelle, ont efté oüys en leurs remonftrances, & que nonobftant icelle, Marillac pour ledit Procureur General a perfifté à la publication defdites Lettres. Accordant toutesfois, & requerant que delay fuft donné aux parties qui ont baillé charges de leurs caufes à tous Clercs, non receuz au ferment de Procureur, d'eux pouruoir. Et cependant lefdits Clercs fiffent comme ils auoient accouftumé. La Cour dict, que fur le reply defdites Lettres fera mis, *Lecta publicata, & regiftrata audito Procuratore generalis, & hoc requirente.*

Toutesfois pour aucunes caufes & confiderations, mouuans ladite Cour, elle a ordonné & ordonne en enterinant la Requefte dudit Procureur General, quel'effect & execution defdites Lettres furfoirra pour quatre mois, dedans lefquels les parties pourront fe pouruoir de Procureurs, & aduifer & donner ordre à leurs affaires, ainfi qu'ils verront eftre à faire. Et quand aux Bancs que tiennent les Clercs non encores Procureurs, ne receuz au ferment de l'Eftat, iceux Clercs f'en pourront desfaire par vente ou refignation, fans ce que pour faire admettre la refignation, ils foyent tenus payer & bailler aucune chofe au Bailly du Palais, ou autre perfonne. Et à faute de vouloir par ledit Bailly admettre la refignation fans argent ou autre chofe equipollant, pourront les Refignans & Refignateurs eux addreffer à ladite Cour, qui y pouruoira. Faict en Parlement, le 11. iour de Febvrier, l'an mil cinq cens quarante-neuf, Collationnée, Signé,   DV TILLET.

Arreft de la Cour de Parlement, pour la Reformation au premier Huiſſier d'icelle de prendre la qualité de Maiſtre.

VEVES ce iourd'huy par la Cour les Lettres de Prouifion de l'Eftat & Office de premier Huiffier en icelle, au profit de Iacques Barat, cy-deuant Huiffier des Requeftes du Palais, par le deceds de feu Michel Perret en fon viuant premier Huiffier en ladite Cour, en datte du quatorziéme iour de ce mois. Données à Rheims, & fignées DE L'AVPESPINE. Auec la Requefte à cette fin prefentée par ledit Barat, pour eftre receu audit Eftat & Office, en faifant les fermens accouftumez. Oüy fur ce le Procureur General du Roy, la matiere mife en deliberation : A efté arrefté, fans autrement examiner ledit Barat, qu'il fera receu en iceluy Eftat & Office, en faifant les fermens accouftumez, & à la charge de faire reformer fefdites Lettres, en ce que par icelles luy a efté baillée la qualité de Maiftre. Ce faict, luy mandé, il a esté receu audit Estat & Office, & faict les sermens accoustumez. Faict en Parlement, le 22. Iuin mil cinq cens cinquante-sept.   DV TILLET.

Arrest de la Cour de Parlement, en faueur des enfans, gendres & nepveux des Procureurs d'icelle.

LA Cour, apres auoir procedé à la reception des vnze Pretendans à l'Estat de Procureur en icelle, a deliberé & arresté qu'elle procedera au premier iour commode à la Reception des enfans des Procureurs en icelle pretendans audit Estat, de ceux qui ont espousé les veufves, & filles, des gendres, & nepveux des Procureurs, & de ceux qui ont Banc & practique, pourueu qu'ils soient trouuez suffisans & capables, & tels certifiez par Maistres Loüys Gayant, & Robert Bonete, Conseillers en ladite Cour, qu'elle commet quant à ce, pour oüyr & examiner ceux qui n'auront esté examinez & interrogez, ou qui n'auront Arrest de reseruation à faire le serment audit Estat de Procureur appartenant. Faict en Parlement, le cinquiéme iour de Mars l'an mil cinq cens soixante-deux. Signé, CAMVS.

Arrest de la Cour de Parlement sur la Reduction du nombre des Procureurs.

CE iour, les grand Chambre & Tournelle assemblées, la Cour ayant deliberé sur la Requeste à elle presentée par les Procureurs de la Communauté d'icelle, tendant à ce que le nombre des Procureurs de ladite Cour fut reduit à deux cens seulement, suiuant & conformément à l'Edict faict à Moulins, l'an mil cinq cens soixante & cinq, & à cette fin que vacation aduenant par la mort de ceux qui sont à present, n'en fust receu aucun au lieu du decedé, iusques à ce que ledit nombre fust re-

duit: & ladite reduction faicte, ceux qui se presenteroient pour
estre receuz au lieu des decedez, ne le puissent estre sans auoir
versé à la practique souz les Procureurs de ladite Cour par dix
ans entiers, ayant fait charge de principal Clerc par quatre ans.
Les conclusions veuës du Procureur General du Roy : Icelle
Cour a ordonné & ordonne, que d'oresnauant aucun ne sera
receu à la charge de Procureur en icelle Cour, iusques à ce que le
nombre soit reduit à deux cens seulement, comme il est porté
par l'Edict de Moulins. N'entend toutesfois la Cour exclurre
les Procureurs d'icelle de se demettre de leurs charges & practiques en faueur de leurs enfans ou gendres, à leurs filles, nepveux,
ou niepces. Ayant neantmoins acquis les capacitez requises à
vn Procureur de ladite Cour, tant en experience au faict de
practique, preallablement examiné, que par seruice en la charge de principal Clerc chez les Procureurs, auec certification de
trois ou quatre des anciens Procureurs d'icelle du temps dudit
seruice. Faict en Parlement le 9. Febvrier 1575.

*Arrest de la Cour de Parlement, pour l'expedition des Causes entre
les Procureurs.*

LA Cour ayant deliberé sur la Requeste presentée par le
Procureur General du Roy, pour le faict de l'expedition
des causes entre les Procureurs, & euiter aux surprises qu'ils font
iournellement les vns contre les autres, desquels la Cour est le
plus souuent empeschée, qui cause vn diuertissement du cours
de la Iustice: A ordonné que d'oresnauant toutes instances d'adiournement en desertion, folles inthimations & appellations
d'appointemens, de fins de non proceder, & taxe de despens de
ladite Cour faictes és presences des Procureurs des parties, seront
vuidées par aduis des Aduocats & Procureurs apres qu'il y aura
eu trois commandemens à eux faicts de ce faire, pourueu que le
premier soit selon la distance des lieux. Et lesdicts trois com-

mandemens faicts de ce faire, le Procureur qui sera refusant sera condamné en cent sols parisis d'amende en son nom, ou plus grandes s'il y eschet. A la vuidange desquelles causes ne pourront estre les Aduocats ny Procureurs desaduoüez. Et si aucun Procureur ayant fait mettre vne cause au roolle des plaidoiries, & il se treuue en plaidant que ce soit procez par escrit, par la lecture qui sera faicte sur le champ de ladite Sentence dont aura esté appellé, le Procureur qui aura faict mettre la cause au roolle, sera condamné en cent sols parisis d'amende, & aux despens de la plaidoirie.

Qve si aucun Procureur est refusant de rendre & signer des despens à luy baillez apres trois commandemens, & ordonnances du Commissaire commis à la taxe : il sera condamné en cent sols parisis d'amende, & aux despens du sejour de la partie en son nom. Si aucun Procureur laisse iuger vn deffaut ou vn congé par faute de conclure, ou de prendre les appointemens ordinaires sans empescher la Cour, il sera condamné és despens des defauts & congez en son nom.

Si aussi est trouué que le Procureur du poursuiuant ayt vsé de precipitation de surprise, il sera condamné en son nom en cent sols parisis d'amende, & à rendre ce qu'il aura receu de sa partie, pour auoir poursuiuy ledit congé ou default.

Qve si és causes d'appel, dont les assignations seront escheuës deux ans auparauant, le Procureur qui sera poursuiuy de prendre appointement au Conseil, & il est refusant le passer, apres trois commandemens sera mandé en ladite Cour, & condamné en cent sols parisis d'amende en son nom. Que lesdicts Procureurs ne procederont par commandemens les vns contre les autres, sans premierement en auoir communiqué à leur compagnon en presence de deux autres leurs compagnons, sur peine de cent sols parisis d'amende contre le poursuiuant, qui sera trouué faire le contraire. Et enioint la Cour ausdicts Procureurs de s'assembler deux fois la sepmaine, pour cognoistre ceux qui contreuiendront à ce que dessus, pour en faire rapport au Procureur General du Roy, pour luy oüy, eftre par la Cour procedé contre les contreuenans par fufpenfion ou priuation de leurs Eftats, ou au-trement, ainfi qu'il fera par ladite Cour aduifé. Et fera le prefent Arreft leu & publié au premier iour en Iugement. Faict en Par-lement le 23. iour de May l'an 1576. Et publié en Iugement le 28. iour de May audit an 1576. Signé de HEVEZ.

Arreft de la Cour de Parlement fur les acquiefcemens & appellations
verbales.

VEv par la Cour, l'Arreft d'icelle obtenu par le Procureur du Roy, le dix-huictiéme iour de Mars 1577. la Requefte prefentée par iceluy Procureur General, tendant à ce que fui-uant le fufdit Arreft les Procureurrs de ladite Cour fuffent tenus à l'aduenir és appointemens d'acquiefcement, qu'ils pafferont en icelle, tant pour le regard des appellations verbales que Re-queftes Ciuiles, mettre au bas d'iceux, & parapher, que la caufe eft ou n'eft au roolle, fur peine de deux efcus d'amende és noms propres & priuez du defaillant: Et que l'Arreft fuft leu & publié à la Barre de ladite Cour, afin que aucun n'en pretende caufe d'i-gnorance. Et le tout confideré: Ladite Cour a ordonné & or-donne, que d'orefnauant és acquiefcemens des appellations verbales qui feront portez au Parquet dudit Procureur Gene-ral, fera mis au bas d'iceux, que la caufe a efté ou eft au roolle, ou qu'elle n'y a efté & n'y eft, procez conclud ou non conclud, & paraphé par les Procureurs, qui figneront lefdicts appointe-mens, à peine de quatre efcus d'amende au nom priué des Pro-cureurs pourfuiuans. Et fera le premier Arreft leu & publié à la Barre de ladite Cour, à ce que lefdits Procureurs n'en pretendent caufe d'ignorance. Faict en Parlement, le 20. Mars 1581.

    Signé,   LE PREVOST.

Declaration

Declaration du Roy, verifiée en la Cour de Parlement, les grand'
Chambre, Tournelle, & de l'Edict assemblées, pour la descharge
des pieces & procez, tant indecis que iugez pour les Aduocats &
Procureurs d'icelle Cour, leurs veufves, enfans, heritiers, ou ayans
cause d'eux, auec l'Arrest de ladite Cour sur icelles, & autres Ar-
rests en consequence.

HENRY par la grace de Dieu Roy de France & de Na-
uarre. A tous ceux qui ces presentes Lettres verront, Salut. La Communauté des Aduocats & Procureurs de nostre
Parlement: Nous a humblement fait remonstrer que dés leur
ieunesse, estans nourris & esleuez en la discipline, correction &
censure des mœurs qui ce fait en l'assemblée qu'ils font entr'eux
deux fois la sepmaine, & en l'exemple & seuerité de nostre Iustice publique, laquelle reluit & esclaire par tout le monde: La fi-
delité a tousiours esté si grande parmy eux, & la foy du depost si
saincte & inuiolable, qu'au lieu qu'en la plufpart des autres
compagnies d'Aduocats & Procureurs ils ne communiquent
les vns aux autres les pieces de leurs parties, que soubs la seureté
reciproque de leurs recepissez, ou inuentaires de communication, & qu'il se trouue encores ordinairement entr'eux des
plaintes de la perte d'iceux. Eux seuls entre tous font en possef-
sion depuis l'establissement de nostredite Cour de Parlement de
se bailler de bonne foy les vns aux autres les pieces, tiltres, obligations, chartres, cedules, breuets & autres enseignemens, de
quelque poids & consequence qu'elles soient, sans autre seureté,
inuentaire, ne recepissé, que de leur simple promesse verbale,
sans qu'il soit memoire que iamais il en soit aduenu perte, faute,
ou accident quelconque. Et combien qu'à plus forte raison l'on
ne puisse presumer que pour tout le bien du monde pas-vn
d'eux vouluft de mauuaise foy retenir, ou interuenir les sacs, instances, ou productions des parties, dont ils font chargez par

E

leurs recepiſſez , ou ſur les Regiſtres des Huiſſiers ou autres,
comme auſſi iuſqu'à preſent cela n'eſt iamais aduenu. Toutesfois d'autant que l'exercice de toutes autres actions, ſoient per-
ſonnelles, mixtes , ou reelles, ſe trouuent bornées , & le cours de
leur vie limité par les preſcriptions introduites par les loix &
couſtumes. Et qu'au contraire la pourſuite de la reſtitution deſdits ſacs & pieces dont ils ſe trouueroient chargez n'eſt point
reiglée, bien que tous leſdicts procez & inſtances ſoyent de leur
nature ſujettes à eſtre peries & eſteintes par le ſeul ſilence & diſ-
continuation des procedures de trois ans. Et que les ſacs & productions deſdites parties ſoient ſujettes à paſſer par tant de di-
uerſes mains. Sçauoir eſt, des Iuges, des Greffiers , des Huiſſiers,
des Aduocats & Procureurs de toutes les parties qui ſont en
cauſe, & de ceux qui interuiennent , qu'il ſoit quaſi impoſſible
que auparauant le iugement ils puiſſent longuement croupir
entre les mains des Procureurs, ny pareillement des Aduocats: &
apres l'Arreſt donné, outre ce qu'ils ſont inutils , les parties ſont
aſſez diligentes de les faire retirer, ou pour la taxe de leurs deſpens, ou pour le recouurement de leurs pieces. Toutesfois parce
que leſdits expoſans ſont le plus ſouuent forcez par contraintes
rigoureuſes, & crainte des empriſonnemens qui leur ſont faicts,
ou par les Iuges, ou par les Huiſſiers, ou par la violence & importunité des parties ou Solliciteurs, de rendre promptement
leſdits ſacs & pieces, ſans auoir les Regiſtres des autres Huiſſiers, ſur leſquels ils en ſont chargez pour faire rayer leurs noms,
& n'ont moyen de retirer ſur l'heure leurs recepiſſez, propoſans
de ſe faire incontinent deſcharger. Dont ils ſont plus ſouuent
deſtournez pour l'occaſion des affaires preſſez & importans qui
leur ſuruiennent de moment en moment , ſoit parce qu'ils ſont
mandez aux Chambres, ou à la Barre pardeuant les Commiſſai-
res, ou pour reſpondre aux ſignifications importantes qui leur
ſont faictes par leſdicts Huiſſiers. Qui faict que par leur ou-
bliance, ou negligence de leurs Clercs, ou des Solliciteurs, ou autres ſur leſquels ils s'aſſeurent & repoſent le plus ſouuent, enco-

res que les sacs soient rendus & les procez iugez, ils se trouuent chargez,& en danger par la malice des parties d'estre ruïnez, ensemble leurs femmes & leurs enfans. Et plus encores en ce temps que iamais: D'autant que la plusparc desdits Aduocats & Procureurs ayans esté contraints pour nostre seruice sortir de nostredite Ville de Paris, leurs maisons ont esté abandonnées en proye, à l'insolence des gens de guerre, garnisons, & du menu peuple,qui les ont pillées & rauagées,& bruslé lesdits procez,tiltres & enseignemens. Pour la restitution desquels, si l'action estoit indefiniement receuë, eux, leurs femmes, & enfans seroient ruïnez. Au moyen dequoy lesdits exposans auroient treshumblement supplié & requis sur ce leur pouruoir de remedes conuenables.

Pource est-il,que nous desirans subuenir à nos subiects selon les occurrences & l'exigence des cas, & aussi traicter fauorablement lesdits exposans en ce qu'il nous sera possible pour l'affection qu'ils ont tousiours demonstrée au zele de nostre seruice & de la Iustice, & d'abondant exciter les parties à se rendre plus diligens à faire rendre leurs sacs & pieces, les retirer quand leurs procez seront iugez: & par ce moyen arrester le cours desdites pourfuites,à l'occasion desquelles lesdits exposans ny leurs femmes & enfans ne se peuuent asseurer du fruict de leurs labeurs, ayans aussi esgard que nostre Cour de Parlement a desia limité le temps de la pourfuite & recherche des sacs pour leur regard, & de leurs veufves & enfans à trois ans, & donné plusieurs Arrests, tant en faueur desdits exposans que Procureurs de nostre Chastelet & autres: par lesquels auparauant les troubles elle a limité le cours de cette action, qui doit estre restrainct, veu la misere & calamité des troubles.

A ces caufes,& autres à ce nous mouuans, Nous auons dict & statué,declaré & ordonné: Disons,declarons & ordonnons par ces presentes,que d'oresnauant lesdicts Aduocats & Procureurs de nostredite Cour de Parlement à Paris,leurs veufves,enfans & heritiers,& autres ayans droict d'eux,ne pourront estre pourfuiuis, inquietez, ny recherchez, directement, ny indirectement, soit par action principale de sommation ou autrement en quelque sorte & maniere que ce soit, la restitution des sacs, pieces, procez, instances, & productions des parties, dont ils sont & se trouueront chargez sur les Regiftres des Huifliers, ou autres, ou par leurs recepiffez, cinq ans auparauant que l'action soit meuë & intentée contre eux, leursdites veufves, enfans, heritiers, ou autres ayans droict d'eux. Lefquels cinq ans paffez, à compter du iour & datte de leurs recepiffez : Ladite action fera & demeurera nulle, efteinte & prefcrite, & telle la declarons dés à prefent, comme pour lors apres cinq ans paffez, foit pour leur regard ou autres, qui à leur occafion en pourroient eftre recherchez, & pretendroient auoir recours contre eux. Et à cette fin voulons que pour l'aduenir tous lefdits Aduocats & Procureurs qui fe chargeront des pieces des parties, foient tenus en leurs recepiffez, à cofté ou au bas de leurs feings, mettre fur les Regiftres le iour & an auquel ils fe font chargez. Si donnons en mandement à nos amez & feaux Confeillers les gens tenans noftre Cour de Parlement à Paris, Que de nos prefentes Lettres de declaration, vouloir & intention, vous faictes, fouffrez & laiffez iouïr, & vfer plainement & paifiblement lefdits Aduocats & Procureurs de noftredite Cour de Parlement, & leurfdites veufves, enfáns & heritiers, felon & ainfi que deffus eft dict, ceffans & faifant ceffer tous troubles & empefchemens à ce contraires. Car tel eft noftre plaifir. Donné à Sainct Germain en Laye, le vnziéme iour de Decembre, l'an de grace mil cinq cens quatre-vingts & dixfept. Et de noftre regne le neufiéme.

Signé,   **RVZE**.

Regiftrées oüy le Procureur General du Roy, pour iouïr par les impetrans de la defcharge des procez indecis & non iugez, dix ans apres qu'ils en feront chargez, & des iugez cinq ans, & iouïront leurs veufves, enfans, heritiers ou autres ayans droict d'eux, de ladite defcharge, pour le regard des procez, tant iugez, qu'indecis, cinq ans apres le deceds defdits Aduocats & Procureurs. A Paris, en Parlement, le 14. Mars 1603. Signé, VOISIN.

***

Extraict des Regiſtres de Parlement.

VEv par la Cour, les grand' Chambre, Tournelle, & de l'Edict aſſemblées, les Lettres patentes du vnziéme Decembre quatre-vingts dix-ſept, ſignees ſur le reply, Par le Roy, RVZE, Et ſcellées de cire iaune, par leſquelles inclinant à la ſupplication de la Communauté des Aduocats & Procureurs, ledit Seigneur veut & ordonne, qu'eux, leurs veufves, enfans, heritiers, & ayant droict d'eux, ne ſoient d'oreſnauant recherchez & pourſuiuis pour la reſtitution des ſacs dont ſe trouueront chargez cinq ans auant l'action, à compter du iour de leurs recepiſſez. Sur leſquels Regiſtres ſeront tenus eſcrire le iour qu'ils ſe feront chargez, demeurant apres leſdits cinq ans l'action extainte, ainſi qu'au long contiennent leſdites Lettres: Requeſte par eux preſentée à ladite Cour à fin d'entherinement d'icelles, concluſions du Procureur General du Roy. Tout conſideré: Ladite Cour a ordonné & ordonne que leſdites Lettres ſeront Regiſtrées: Oüy le Procureur General du Roy, pour ioüir par les impetrans de la deſcharge des procez indecis & non iugez, dix ans apres qu'ils en feront chargez, & des iugez cinq ans, & ioüiront leurs veufves, enfans & heritiers, ou autres ayant droict d'eux de ladite deſcharge pour le regard des procez tant iugez qu'indecis, cinq ans apres le deceds deſdits Aduocats & Procureurs. Faict en Parlement le quatorziéme Mars mil ſix cens trois. Signé, VOISIN.

***

Extraict des Regiſtres de Parlement.

ENTRE Iean Sauuage, & Ieanne Roy ſa femme, heritiers de Marie Moreau ſon ayeule, demandeurs en Requeſte du trentiéme iour de Iuin dernier, d’vne part: Et Maiſtre Guillaume Sirejean Procureur en Parlement, deffendeur d’autre. V E V par la Cour la Requeſte des demandeurs, à ce que la ſurſeance de contrainte de rendre par le deffendeur le procez d’icelle Moreau contre Marie Fourmy, auquel eſtoient les ſacs, productions, til-tres & enſeignemens d’icelle Moreau, & duquel procez apres le iugement d’iceluy, le deffendeur ſe trouuoit chargé ſur le Re-giſtre de l’Huiſſier Cordelle, fuſt leuée, & condamné rendre & re-preſenter les ſacs d’icelle Moreau, ſinon és dommages & inte-reſts deſdits demandeurs: Deffences dudit deffendeur, qui diſoit eſtre de verité chargé dudit procez dés l’an mil ſix cens, apres l’Arreſt donné ſur iceluy le 15. Iuin 1596. & que ſe trouuant ledit procez perdu & adiré, comme il eſt, il n’en pouuoit eſtre recher-ché, attendu le long temps & la Declaration du Roy verifiée en ladite Cour le 14. Mars 1603. par laquelle les Aduocats & Procu-reurs en icelle, leurs veufves & enfans, heritiers & autres ayant droict d’eux, ne pouuoient eſtre pourſuiuis & inquietez en quelque ſorte & maniere que ce fuſt pour la reſtitution des ſacs, pieces, inſtances & productions des parties, dont ils ſe trouue-roient chargez ſur les Regiſtres des Huiſſiers ou autres par leurs recepiſſez cinq ans auparauant l’action contr’eux, leurſdites veufves, enfans & heritiers ou autres ayant droict d’eux-meſ-mes, & intenter, apres leſquels cinq ans demeureroit toute l’a-ction nulle, eſtainte & preſcripte. Appointement en droict & productions des parties, où entr’autres pieces eſtoit ledit Arreſt du 15. Iuin 1597. Requeſte preſentée par la Communauté des Aduocats & Procureurs de ladite Cour, le 29. Iuillet audict an, pour ſe ioindre auec ledit Sirejean, & demander comme luy à eſtre conſeruez en la grace & conceſſion à eux octroyée par le Roy, employans les deffences & production dudit Sirejean: icelle Requeſte ſignifiée aux demandeurs, & miſe au ſac. Con-cluſions du Procureur General, auquel l’inſtance auroit eſté communiquée, apres que ledit Sirejean pour ce mandé a iuré n’auoir ledit procez, & ne delaiſſer par dol ou fraude de l’auoir.

Et tout-confideré. La Covr ayant aucunement efgard à la Requefte prefentée par la Communauté des Aduocats & Procureurs, & en confequence de la Declaration du Roy, a mis & met les parties hors de Cour & de procez fans defpens. Enioint neantmoins aufdits Aduocats & Procureurs d'eftre curieux & foigneux des facs, pieces & productions des procez dont ils feront chargez. Prononcé le 4. Octobre 1614.

Signé,   GALLARD.

Extraict des Regiftres de Parlement.

ENTRE M. Iean Nau, Procureur en la Cour, demandeur en Requefte du 19. Auril dernier, d'vne part, & Charles Comte d'Efcars, deffendeur d'autre. Vev par la Cour ladite Requefte, tendant afin qu'il fuft ordonné en confequence des Arrefts & Reglemens d'icelle, que ledit Nau demeureroit defchargé de la reprefentation de cinq facs produicts pour François d'Efcars, Baron de Meruille fa partie, contre Iacques Comte d'fEcars, iugez en la cinquiéme Chambre des Enqueftes, au Rapport de M. Bernard de Fortias, par Arreft du 25. Iuin 1611. & de luy par ledit Nau retirez fouz fon recepiffé du 5. Febvrier 1612. auec deffences audict Charles Comte d'Efcars de pourfuiure, ny contraindre ledit Nau à la reftitution d'iceux : Procez verbal des 29. & 30. dudit mois d'Auril audict an, du Confeiller à ce commis, pour ouïr & regler les parties, par lequel par vertu du default contre ledit Comte d'Efcars : Il auroit ordonné que ladite Requefte, procez verbal, & ce que bon leur fembleroit, feroit mis pardeuers luy, & acte de l'affirmation dudit Nau, auoit faict exacte recherche defdits cinq facs, lefquels il n'auroit peu recouurer en tous fes facs, papiers & recepiffez : Que par dol & fraude il ne delaiffoit de les auoir & reprefenter. Pieces & productions defdites parties. Declaration du Roy du 11 Decembre 97. verifiée en ladite Cour le 14. Mars 1603. ledit Arreft du 25.

Iuin 1611. Pourſuites faiƈtes & contraintes obtenuës par ledit
Comte d'Eſcars deffendeur, du 12. Auril dernier contre ledit
Nau, de rendre leſdits cinq ſacs. Tout conſideré. Dıc'ᴛ a eſté,
que ladite Cour ayant eſgard à ladite Requeſte, apres l'affirmation dudit Nau, l'a deſchargé & deſcharge, ſuiuant le Reglement d'icelle, de la repreſentation des cinq ſacs iugez, par luy retirez de M Bernard de Fortias Conſeiller en icelle, par recepiſſé
du 5. Febvrier 1612. a faiƈt & faiƈt inhibitions & deffences audit
Charles Comte d'Eſcars & tous autres, faire aucunes pourſuites
pour raiſon de ce : Et à tous Huiſſiers de mettre aucune contrainte à execution contre ledit Nau, à peine de nullité, caſſa-
tion, dommages & intereſts, ſans deſpens. Prononcé le 13. iour
de May 1622. Signé,   GALLARD.   Et plus bas eſt eſcrit.

    L'an 1622. le 23. iour de May, fut le preſent ſignifié & baillé
coppie à M.   Ogier, Procureur de partie aduerſe en ſon
domicille, parlant à Claude Chieruiere ſon Clerc.
                  Signé,   BOTHEREAV.

Extraiƈt des Regiſtres de Parlement.

ENᴛʀᴇ M. Simon Gorlidot, Procureur en ladite Cour,
demandeur à l'entherinement d'vne Requeſte par luy preſentée le 10. Ianuier 1619. à ce qu'en conſequence de l'Ediƈt &
Arreſt de verification du quatorziéme Mars 1603. par lequel
apres dix ans, les Aduocats & Procureurs des parties ſont deſchargez des procez dont ils ſe trouueront chargez, attendu
qu'il y a plus de dix ans qu'il ſe trouue chargé vers M. François
de la Vau Conſeiller, du procez dont eſt queſtion, d'entre Iean
de Baruille, & Damoiſelle Marie de ſainƈt Martin ſa femme,
appellans d'vne Sentence donnée par les Gens tenans les Requeſtes du Palais d'vne part, & Iean de Baruille Cheualier ſieur
de Ligeruille, inthimé d'autre, eſtant en vn ſac, qui eſt la pro-
duƈtion dudit de Baruille. Apres l'offre qu'il a faiƈte d'affermer
                                  qu'il

qu'il n'a & ne delaiſſe à auoir par dol ou fraude ledit procez d'v-
ne part, & Charles de Cambray Cheualier Sieur de Rangulle, &
Iean d'Eſtud Cheualier, Sieur d'Aubriſſet, à cauſe de Catherine
& Louyſe de Baruille leurs femmes, heritieres de deffunct Iean
de Baruille leur pere, reprenant le procez au lieu dudit deffunct
Iean de Baruille deffendeurs d'autre. Gorlidot Procureur, pour
ſe diſpenſer de plaider, a dict, qu'il y a dix ans qu'il eſt chargé
d'vn procez, duquel l'on demande la repreſentation, & qui ſe
trouue adiré, dont a requis eſtre deſchargé ſoubs la faueur des
Arreſts, attendu qu'il n'y a de mauuaiſe foy. Pour le deffendeur,
a dit qu'il ſ'en rapporte à la Cour d'ordonner de la repreſentation, & luy eſtre permis de refaire leurs productions. LA COVR
apres que Gorlidot s'eſt purgé par ſerment, & qu'il n'a le procez
dont l'on demande la repreſentation, ny par dol ou fraude delaiſſe de l'auoir, l'en a deſchargé & deſcharge, & a permis & permet aux parties faire refaire les productions ſur les pieces énon-
cées au veu de la Sentence. Faict en Parlement le 9. Febvrier
mil ſix cens vingt-quatre. Signé, - DV TILLET.

Arreſt de la Cour de Parlement, portant inhibitions & deffences aux
Procureurs d'icelle de preſter leurs noms aux Clercs, Poſtulans, &
Solliciteurs, ſigner ny faire aucunes expeditions, pour, ny auec eux,
aux peines portées par ledit Arreſt. Auec deffences auſdits Clercs
Poſtulans de ſe charger d'aucunes affaires, ny s'ingerer en la fon-
ction & charge de Procureur.

LA COVR procédant à la Reception d'aucuns Clercs és
charges de Procureurs en icelle, voulant pouruoir à l'abus
introduit par pluſieurs deſdits Clercs, n'ayans l'experience: Leſquels pour fauoriſer leurs Receptions ſoubs pretexte de commi-
ſeration en leurs perſonnes, ſe retirent d'auec leurs Maiſtres, en-
treprennent de poſtuler, ſe chargent d'affaires des parties,
acheptent Bancs & practiques, & aucuns d'eux ſe font tant ad-

uancez que de contracter mariages, portent la Robbe, Bonnet,
& font comme Procureurs, dont s'attribuent qualité, au preiudice, non seulement des parties dont ils prennent les affaires,
n'estans conduites auec l'experience requise, & des autres Clercs
qui ont seruy le temps, & acquis la suffisance: La reception desquels est retardée par les poursuites des autres; Mais aussi au
grand mespris & diminution desdites charges de Procureurs.
Apres auoir oüy sur ce le Procureur General du Roy, a faict &
faict inhibitions & deffences à tous Clercs de porter Robbe &
Bonnet, achepter Bancs, practiques, & se charger d'affaires des
parties, ny faire ce qui appartient à la charge de Procureur, s'ils
ne sont actuellement receuz Procureurs, à peine d'interdiction
de l'entrée du Palais, dommages & interests des parties. Outre,
deffend ausdits Procureurs de prester leurs noms soubs quelque
pretexte & occasion que ce soit, ausdits Clercs, ny faire aucunes
expeditions, pour, ne auec eux, à peine de nullité d'icelles, & de
priuation de leurs charges. A ordonné & ordonne qu'à l'aduenir
ne sera procedé à la reception esdites charges de Procureurs, des
Clercs ayans Bancs, practiques, & affaires des parties, & ne seront soubs pretexte de mariages par eux contractez, preferez
aux plus anciens Clercs, demeurans auec leurs Maistres, à la Reception desquels sera procedé ainsi qu'il appartiendra: Se reser-
uans neantmoins par ladite Cour, de pouruoir aux veufues &
enfans des Procureurs, ainsi qu'elle verra bon estre Et à ce que le
present Arrest soit notoire au Palais, sera publié à la Barre, &
affigé au Greffe. Publié à la Barre de la Cour, le quinziéme Decembre 1595.   VOYSIN.

LA COVR faisant droict sur les conclusions du Procureur General du Roy, a reïteré & reïtere aux Procureurs à
peine de priuation de leurs charges, & de deux cens liures parisis
d'amende, qui sera leuée sans deport, applicable au Pain des pauures prisonniers de la Conciergerie du Palais: Les deffences faictes par l'Arrest du quinziéme Decembre quatre vingts quinze,

de prefter leurs noms à aucuns Clercs figner, ny faire expeditions pour eux ny auec eux, qu'ils ne foient receuz Procureurs.
Ordonné qu'il fera informé à la requefte dudit Procureur General des contrauentions audict Arreft, pour ce faict & rapporté, eftre procedé contre les contreuenans ainfi que de raifon:
Enioint aux Procureurs de Communauté, à peine de pareille
amende en leurs noms de les deferer. Faict en Parlement le 15.
Nouembre 1605. VOYSIN.

L A COVR faifant droict fur les conclufions du Procureur General du Roy, à faict & faict iteratiues inhibitions
& deffences à tous Procureurs de prefter leurs noms aux Clercs
& Solliciteurs, & de permettre qu'ils occupent & facent aucunes
expeditions foubs leurs noms, à peine de cinq cens liures d'a-
mende, applicable au pain des prifonniers de la Conciergerie du
Palais, & de priuation de leurs charges. Ordonné que ledit Procureur General aura Commiffion pour informer des contrauentions, & pourra proceder par Monition: Cependant enioint aux Procureurs de la Communauté & tous autres, deferer
les contreuenans, à peine de priuation de leurs charges, & a faict
pareilles deffences à tous Clercs Solliciteurs faire aucunes expeditions de Iuftice, fur peine de faux & d'amende arbitraire. Faict
en Parlement le 27. iour de Nouembre 1606. VOYSIN.

C E iour la Cour deliberant fur la Requefte prefentée par
la Communauté des Procureurs d'icelle, contenant
qu'encores que par plufieurs Arrefts il foit tres-expreffément
deffendu à tous Procureurs de prefter leurs noms, & figner pour
les Clercs Poftulans & Solliciteurs, foubs les peines portées par
iceux: Neantmoins aucuns d'iceux Procureurs y contreuien-
nent; & par ce moyen lefdits Poftulans trouuent facilité en la
conduite & inftruction des procez & affaires dont ils fe chargent au preiudice de la Communauté defdits Procureurs, la
plufpart defquels au moyen de ce manquent d'employ, pour le

grand nombre qu'il y a de Poſtulans au Palais, Requerroient les Arreſts cy-deuant donnez, eſtre executez: Et veu leſdits Arreſts donnez ſur ce ſujet: Conclusions du Procureur General du Roy, Requeſtes des Chancellier & Viſchancelliers de la Bazoche, & d'aucuns des anciens Clercs, à ce qu'il pleuſt à ladite Cour, auparauant que de pouruoir ſur ladite Requeſte deſdits Procureurs de la Communauté, ils fuſſent receuz en ladite charge de Procureur en icelle, ſinon qu'ils fuſſent exceptez du Reglement, la matiere miſe en deliberation. A arreſté & ordonné ce requerant ledit Procureur General, que les Arreſts des quinziéme Decembre mil cinq cens quatre-vingts quinze, vingt-vnieſme Nouembre mil ſix cens, quinziéme Auril mil ſix cens deux, 24. de Nouembre mil ſix cens dix, & vingtiéme Nouembre mil ſix cens vingt-quatre, ſeront executez ſelon leur forme & teneur, & ſuiuant iceux, faict tres-expreſſes inhibitions & deffences particulieres aux Procureurs d'icelle, preſter leurs noms aux Clercs Poſtulans & Solliciteurs de quelque qualité & condition qu'ils ſoient, directement ou indirectement, ſigner, ny faire aucunes expeditions, pour, ny auec eux, à peine contre les contreuenans de quarante liures pariſis d'amende pour la premiere fois, & de quatre-vingts liures pariſis pour la ſeconde, deſquelles ſommes ſera deliuré executoire auſdits Procureurs de Communauté, pour eſtre employées au ſecours des pauures d'icelle Communauté: Et pour la troiſiéme fois d'eſtre rayez de la Matriculle, & priuez de leurs charges, ſans eſperance d'y eſtre reſtablis. Faict auſſi deffences auſdits Clercs & Poſtulans eux charger d'aucunes affaires, & de ſ'ingerer en la fonction de ladite charge de Procureur ſoubs les meſmes peines, & d'eſtre priuez d'y pouuoir paruenir. Enjoint à tous Clercs & autres eux diſans Poſtulans, qui portent Robbes & Bonnets au Palais, mettre au Greffe d'icelle dans huictaine les permiſſions par eux obtenuës de ce faire, leurs Lettres de Bejaune, quittances de leurs penſions payées aux Procureurs auec leſquels ils ont demeuré, & les certificats du temps de leurs demeures és maiſons deſdits

Procureurs, lefquels lefdits Procureurs feront tenus affermer ve-
ritables, pour le tout rapporté faire droiĉt ainſi qu'il appartiendra. ORDONNE que le prefent Arreſt fera leu & publié, tant
en la Communauté defdits Procureurs qu'à la Barre de ladite
Cour, & affiché aux portes de la Salle du Palais, à ce qu'aucun
n'en pretende cauſe d'ignorance. Faiĉt en Parlement le dixiéme iour de Iuillet 1627. Signé, DV TILLET.

*Le prefent Arreſt fuiuant l'Ordonnance de la Cour porté par ice-
luy, a eſté leu en la Communauté des Procureurs, le Ieudy 15. Iuillet 1627. Signé, LERMITE.*

*Arreſt de Reiglement pour l'expedition des cauſes, auec deffences d'in-
tenter & faire demandes fans aduis de Conſeil.*

CE iour apres que iudiciairement lecture a eſté faiĉte des
Ordonnances fur l'ordre de proceder és charges des Ad-
uocats & Procureurs, enſemble de la ſceance des Aduocats aux
Bareaux : Et que le Bret pour le Procureur General du Roy par
vne Remonſtrance les a exortez à la verité, tant au recit dés pieces que de la doĉtrine à la conſtance & à la charge : Et contre les
Procureurs fupplié la Cour pouruoir à l'abus des appointez au
Conſeil des cauſes du roolle ; Enſemble, à ce que aucun entre-
prend faire les efcritures & intenter demandes fans aduis de
Conſeil ; Auec inionĉtion de figner leurs demandes & inuentaires, Monſieur le premier Preſident leur a faiĉt par autre remonſtrance pareil admonition, & au furplus prononcé l'Arreſt
qui enfuit. LA COVR, Oiiy fur ce le Procureur General du
Roy : A faiĉt & reïteré les deffences cy-deuant faiĉtes aux Procureurs d'intenter aucunes aĉtions, ny faire demandes en execution d'Arreſt fans aduis de Conſeil, lequel f'il y a appointement
en droiĉt feront tenus de produire. Leur a enioint & enioint
vuider par aduis de leurs anciens, les demandes legeres efquelles

fera queſtion de ſommes pecuniaires au deſſoubs de huict liures pariſis; Et ſi aucuns eſtoient contrains de prendre appointement en droict és cauſes legeres, & où ny aura differend que pour cette ſomme en procedant au iugement, la condamnation & l'executoire de deſpens ſera deliuré contre le Procureur qui aura eſté refuſant & contreuenu au preſent Arreſt en ſon priué nom, Outre leur a faict deffences de prendre appointement au Conſeil ſur les cauſes des roolles demeurées indeciſes, qui doiuent eſtre terminées hors iugement par aduis de Conſeil. Declarant dés à preſent toutes les procedures faictes ſur les appointez au Conſeil, contre le preſent Arreſt nulles & de nul effet & valeur: Et leur a faict deffences mettre au Greffe aucunes demandes & inuentaires qu'ils ne ſoient ſignez d'eux. Faict en Parlement le vingt-troiſiéme Auril mil ſix cens ſept.

Signé,   G V Y E T.

***

Arreſt de la Cour de Parlement, concernant les demiſſions des Procureurs.

V E V par la Cour la Requeſte preſentée par la Communauté des Procureurs d'icelle, contenant que ladite Cour procedant à la reception des Procureurs, tant fils, nepueux, gendres, demiſſionnaires qu'autres Clercs; Et ſur la demiſſion d'aucuns Procureurs qui auroient deſiré faire receuoir leurs demiſſionnaires: Ladite Cour, en conſequence d'icelles demiſſions, delaiſſement de leurs charges, bancs & pratiques, procede à la reception deſdits enfans, gendres & autres; neantmoins leſdits Procureurs qui ont fait leſdites demiſſions purement & ſimplement, au lieu de ſe retirer, pretendent continuer la fonction de leurs charges, comme ils faiſoient auparauant leſdites demiſſions; requeroient les ſupplians eſtre ordonné qu'en deliurant, par le Greffier de la Cour, les Arreſts de reception deſdits Procureurs, il ſera employé que c'eſt par la demiſſion de leurs peres

& autres, en leur faueur. Et que par cy-apres si aucuns desdits Procureurs desirent eux demettre de leurs charges en faueur de leurs enfans ou autres, qu'ils seront tenus le venir declarer en la Communauté, pour estre le registre chargé de ladite demis-sion & delaissement, pour y auoir recours quand besoin sera, & tout consideré; LADITE COVR, ayant égard à ladite Re-queste, A ORDONNE' ET ORDONNE, qu'aux Arrests des receptions des Procureurs derniers receus, seront mis les noms de ceux desquels ils auoient demissions; FAICT inhibitions & defenses aux Procureurs qui ont fait lesdites demissions, de po-stuler à l'aduenir, à peine de faux: ET que cy-apres ceux qui vou-dront faire leursdites demissions, seront tenus le venir declarer à la Communauté desdits Procureurs, pour y estre leursdites de-missions registrées, pour y auoir recours quand besoin sera. Et sera le present Arrest leu en la Communauté desdits Procureurs, à ce qu'aucun n'en pretende cause d'ignorance. Faict en Parle-ment le vingt-sixiesme iour de Ianuier, mil six cens trente.

Signé, GALLARD.

Le present Arrest a esté leu en la Communauté des Aduocats & Procureurs de la Cour, le 29. iour dudit mois de Ianuier audis an, mil six cens trente.   Signé, PVCELLE, Greffier.

Arrest de la Cour de Parlement, contenant l'ordre que l'on doit tenir & garder pour donner les Requestes à Messieurs; & defenses au Commis du Greffe de les répondre.

LA Cour, pour pouruoir aux desordres & surprises qui se cô-mettent chacun iour en la réponce des Requestes, A enjoint aux Procureurs d'icelle, leurs Clercs, Soliciteurs & autres, bailler leurs Requestes aux Conseillers Raporteurs de leur instance & procez, & non à autres; Sçauoir celles qui se doiuét expedier en la grand' Châbre, tant en l'Audience que Conseil, aux Conseillers d'icelle;

celles de la Tournelle, aux Conseillers du Seruice, & les autres, aux Conseillers des Enqueftes, pour eftre rapportées efdites Chambres, & réponduës par les Commis au Greffe & Clercs y feruans, & non par autres. Fait tres-expreffes inhibitions & defenfes aufdits Procureurs, leurs Clercs & Solliciteurs, d'y contreuenir; ny mefme apres qu'vne Requefte leur aura efté renduë par l'vn des Conseillers de ladite Cour, la prefenter pour vne feconde fois à vn autre Confeiller, pour en faire rapport, finon que par la deuxiéme il foit fait mention de la premiere; & aux Clercs des Greffes refpondre lefdites Requeftes, ny celles d'emprifonnement contre les Procureurs, qui feront pareillement baillées aux Conseillers Rapporteurs des procez, le tout à peine contre lefdits Procureurs & Clercs des Greffes, de fufpenfion de leurs charges, & d'amande arbitraire; & pour les autres, d'eftre chaffez du Palais. Ordonne que le prefent Arreft fera leu en la Communauté des Procureurs, icelle tenant, & affiché aux Greffes d'icelle, à ce qu'aucun n'en pretende caufe d'ignorance. Fait en Parlement le vingt-cinquiefme iour de Feurier, mil fix cens trente.   Signé, GALLARD.

Leu en la Communauté des Aduocats & Procureurs de la Cour, le quatriefme Mars, mil fix cens trente.   PVCELLE.

Arreft de la Cour de Parlement, concernant les rediftributions en la Chambre de l'Edict.

CE iour la Cour en la Chambre de l'Edict, apres auoir deliberé fur l'ordre des Procez & Inftances diftribuez aux Côfeillers feruâs en ladite Chambre, qui n'aurôt efté jugez lors qu'ils fortiront d'icelle, s'ils les jugeront à l'aduenir, eux eftans du feruice de ladite Chambre, fans qu'ils ayent efté rediftribuez, A ESTE' ARRESTE', Que les Procez & Inftances diftribuez & non jugez par les Conseillers Rapporteurs d'iceux, apres

qu'ils

qu'ils feront fortis de ladite Chambre, feront remis au Greffe, pour eftre diftribuez en la maniere accouftumée, & la diftribution fignifiée, à peine de nullité des procedures. Ce qui fera fignifié à la Communauté des Procureurs à ce qu'ils n'en pretendent caufe d'ignorance. Fait en Parlement ce neufiefme Iuillet, mil fix cens trente-vn.   Signé, RADIGVES.

Signifié & baillé pour copie le vingt-neufiefme Nouembre, mil fix cens trente-vn, à la Communauté des Procureurs de la Cour, à ce qu'ils n'en pretendent caufe d'ignorance, parlant à Maiftre Pierre Lermitte, l'vn des Procureurs de Communauté.   CASAVLT.

Publié en la Communauté des Aduocats & Procureurs de la Cour de Parlement, le premier Decembre, mil fix cens trente-vn.

Arreft de la Cour de Parlement contre les Procureurs qui ne veulent comparoir en la Communauté.

CE iour la Cour apres auoir mandé les Procureurs de la Communauté & oüis en leurs plaintes, de ce que plufieurs Procureurs font refufans fe trouuer en ladite Communauté fuiuant les Arrefts & Reiglements, fupplians la Cour y pouruoir, & apres auoir auffi oüy LeComte, Fournier & Gruais fur plaintes particulieres faictes par lefdits Lecomte & Fournier, contre Chappel, & par ledit Gruais contre Cheron : Enfemble lefdits Chappel & Cheron. Ladite Cour à condamné & condamne ledit Chappel en dix liures d'amende applicable aux pauures de la Communauté des Procureurs : Ordonne que tous ceux qui ont efté oüis, fe trouueront ce iourd'huy à dix heures en ladite Communauté pour eftre oüis fur lefdites plaintes, & en paffer par l'aduis des quatre Procureurs d'icelle Communauté, & les douze Anciens par l'aduis defquels pareils differends feront vuidez, & feront tenus tous les Procureurs fe trouuer à ladite Communauté, lors qu'ils feront mandez, à peine de dix liures d'amende pour la premiere fois, & en cas de refcidiue de fufpention & priuation s'il y efchet: Et fera l'Arreſt leu & publié à ladite Communauté, & viendra Veillard à demain fur la plainte contre luy faiĉte par Gautier. Faiĉt en Parlement le feiziéme Febvrier 1634.   Signé,   L E V E S Q V E.

Le 10. Febvrier 1634. a eſtè faiĉte en la Communauté des Procureurs de l'Arreſt cy deſſus fuiuant l'aĉte dudit iour, par moy Greffier de ladite Communauté.   Signé,   G E N T I L.

Arreſt de la Cour de Parlement, contenant defenfes de prendre appointement au Confeil fur appellations de dény de renuoy.

ENTRE Claude Camuſat, Eſtienne Bourelier & Denys Camuſat, appellans d'vne Sentence renduë aux Eaües & Forefts de la Table de Marbre du Palais, le fixiefme Septembre, mil fix cens trente-vn; & d'autre Sentence du troifiefme Decembre enfuiuant, d'vne part: Et Meſſire François de Montmorancy, Confeiller du Roy, Seigneur de Chaſteau Brin, Abbé de Molefme, & les Religieux, Prieur & Conuent dudit lieu de Molefme, inthimez d'autre: Et encore entre lefdits Camuſat & Bourelier, appellans des Commiſſions decernées par les grands Maiſtres des Eaües & Forefts de la Table de Marbre du Palais à Paris, les cinq Feurier & cinq Auril, mil fix cens trente-vn, d'vne part: Et lefdits de Montmorancy, Religieux, Prieur & Conuent de ladite Abbaye de Molefme, inthimez d'autre. VEV par la Cour lefdites Sentences dont eſt appel, par la premiere du fix Septembre, pour le profit du defaut donné contre lefdits Claude, Denys Camuſat & Bourelier, fans auoir égard à leurs fins declinatoires, auroit eſté ordonné, Que les parties procederoient au fiege de la Table de Marbre fur la demande

defdits de Montmorancy , Religieux , Prieur & Conuent de
l'Abbaye de Molefme, contenuë és Commiffions des cinq Feurier & cinq Auril , mil fix cens trente-vn , & par la derniere du
troifiefme Decembre audit an , pour le profit du defaut donné
contre lefdits Camufat & Bourelier; auroit efté ordonné, Que
nonobftant & fans prejudice de l'appel par eux interjetté de la
precedente Sentence qu'il feroit paffé outre au jugement du
procez en l'eftat qu'il eftoit. Arreft du vingt-fixiefme May , mil
fix cens trente-fix, par lequel fur lefdites appellations, les parties
auroient efté appointées au Confeil fournir de caufes d'appel,
refponces & produire pardeuers la Cour, caufes d'appel, ref-
ponce & productions des parties. Lefdites Commiffions dont
eft auffi appel des cinq Feurier, cinquiefme Auril: par la premiere, fur la plainte defdits de Montmorancy & Religieux, leur auroit efté permis d'informer des degats commis és taillis & bois
de rejets des Forets de Rumilly & Effoires; & par la derniere,
fur l'information faite en vertu de la precedente, auroit efté ordonné, Que lefdits Camufat & le Bourelier, feroient adjournez
à quinzaine audit fiege de la Table de Marbre, à fin ciuille feulement. Arreft du cinquiéme Decembre mil fix cens trente fix,
par lequel fur ledit appel les parties auroient efté appointées au
Confeil à fournir des caufes d'appel, refponfes, produire & ioint:
Caufes d'appel, refponfes & productions des parties, & ce qui a
efté mis & produit pardeuers ladite Cour. Conclufions du Procureur General du Roy: Tout confideré. D i c t a efté, qu'il a
efté mal & nullement octroyé, decerné, permis & defnié, en
emandant: La Cour a renuoyé & renuoye la caufe & les parties
pardeuant le Maiftre Particulier des Eauës & Forefts du Bailli-
ge de Troyes à fix fepmaines, pour y proceder ainfi que de raifon , condamne les inthimez és defpens: Et ayant efgard aux
conclufions du Procureur General du Roy, a fait & faict deffences à tous les Procureurs d'icelle, de contreuenir à l'aduenir aux
Reglemens de ladite Cour, prendre des appointemens au Confeil fur appellations de defny de renuoy & d'incompetence, leur

a enioint , & enioint de vuider telles appellations hors iugemens, fuiuant les anciens Reglemens, à peine d'amende, & de
fufpenfion de leurs charges. Ordonne que le prefent Arreft fera
leu & publié en l'Affemblée de la Communauté des Aduocats
& Procureurs de ladite Cour , à la diligence des Procureurs d'i-
celle Communauté , qui feront tenus en certifier la Cour au
Mois. Prononcé le douziéme iour de Mars mil fix cens trente-
neuf.   Signé,   Dv Tillet.

Ce iour dix-feptiéme Mars mil fix cens trente-neuf le prefent Ar-
reft a efté leu à la Communauté des Aduocats & Procureurs de la
Cour, lequel demeura au Greffe de ladite Communauté pour feruir de
Reglement. Signé, *ARCHAMBAVLT Greffier.*

Arreft de la Cour de Parlement, contenant que les adiudications fe feront
à la charge par l'Adiudicataire de fournir au pourfuiuant autant
& Coppie fignée du Decret.

SVR les differends qui fe prefentent iournellement au Iugement des procez d'ordre , des deniers prouenans des adiudications par Decret, des biens & heritages qui f'adiugent en
ladite Cour, pour n'auoir connoiffance des vrais oppofans, qui
fe font oppofez auant la deliurance du Decret, ny pour qu'elles
fommes de deniers. La Covr a ordonné & ordonne qu'és
adiudications par Decret qui fe feront en ladite Cour, le Commis au Greffe qui en fera la deliurance, fera tenu de mettre à la
charge que le Procureur de l'Adiudicataire mettra és mains du
Procureur du pourfuiuant criées, ou du pourfuiuant l'ordre,
Coppie fignée dudit Decret, pour icelle ioindre au procez & feruir au iugement d'iceluy : Et fera le prefent Arreft mis & affiché
au Greffe de ladite Cour & à la Barre d'icelle : Et enioint au Procureur de la Communauté, de tenir la main à l'execution d'iceluy. Faict en Parlement le 7. Septembre 1639. Signé, GVYET.

Ce iour 5. Decembre audit an , le prefent Arreft a efté leu en la

Communauté des Aduocats & Procureurs de la Cour, & afin qu'il soit gardé & entretenu, a esté arresté qu'il sera Imprimé, & baillé autant à chacun des Procureurs de ladite Cour.

Signé, ARCHAMBAVT, Greffier de la Communauté.

Arrest de la Cour de Parlement, pour la descharge des sacs.

ENTRE Messire Pierre du Boys se disant Cheualier Sieur de Mennetou, & heritier de feu Astrémoyne du Boys, Cheualier Sieur de Souzay son pere, demandeur en Requeste du septiéme du present mois de May, à ce que le deffendeur cy apres nommé soit condamné & contraint par corps à rendre le procez, duquel il est chargé vers M. Anthoine Rancher Conseiller en ladite Cour, par recepicé du 28. Auril 1626. D'entre ledit Astremoyne du Boys appellant, & frere Simon Cheminée lors Commandeur de Fretey, pour n'estre subiet à peremption, & le deffendeur Procureur d'aucunes des parties dénommées audit procez, qu'il n'a retiré que comme Procureur de Iacques Brossin, auquel n'appartient les arrerages du temps dudit feu Simon Cheminée, & estre ledit deffendeur saisi dudit procez, ou qu'il a mis és mains dudit Brossin, & auoir action iusques à trente ans contre le deffendeur, tout ainsi que contre personne particuliere, pure priuée : Nonobstant que ledit deffendeur dit auoir rendu ledit procez, & la Declaration du Roy & les Arrests; & que le deffendeur vueille soustenir qu'ils ne reçoiuent point autre interpretation qu'vne descharge en termes generaux, & qu'il n'a peu estre poursuiuy de rendre ledit procez, qui consiste en deux productions faictes par ledit feu Cheminée, & supposé que ledit demandeur ny peut rien pretendre : n'ayant encores de qualité ne repris le procez au lieu de son pere, qui estoit deffendeur, & ayt laissé iuger le procez par forclusion en cause principale, & esté condamné à la continuation & aux arrerages des redeuances, & que ledit Brossin ayt le seul interest, pour estre comman-

deur & fubrogé aux droicts dudit Cheminée, & que les productions fe puiffent refaire fur le veu de la Sentence d'vne part ; Et
M. Louïs Petit Procureur en ladite Cour, deffendeur d'autre,
fans que les qualitez puiffent preiudicier, apres que Hillaire Aduocat du demandeur à conclud en fa Requefte : Et que Pierre
Aduocat du deffendeur a dit, qu'apres cinq ans paffez. Les Procureurs font defchargez des procez, ainfi qu'il a efté iugé par
plufieurs Arrefts, & qu'il a rendu ledit procez, & negligé de retirer fon recepicé. LA COVR apres le ferment pris du deman-
ueur, qu'il n'a le procez, & que par dol & fraude ne delaiffe à l'a-
uoir : A mis & met fur la Requefte les parties hors de Cour & de
procez. Fait en Parlement le quatorziéme iour de May mil fix
cens quarante.   Signé,   GVYET.

Arreft de la Cour de Parlemeut de Reiglement pour l'introduction des
inftances Sommaires.

SVR la Remonftrance faicte à la Cour par le Procureur General du Roy, que depuis quelque temps les Audiances fur
Requeftes ont efté fi frequentes, que ce qui s'eftoit introduit
pour plus prompte expedition & iuftice, & pour moins donner d'Arrefts fur la Requefte de l'vne des parties fans oüir l'autre,
les confommoit en longueur du temps & en frais, dont naiffoit
beaucoup d'autres defordres & inconueniens : Requeroit y eftre
pourueu. La Cour a ordonné & ordonne, que pour faire droict
fur les Requeftes afin d'éuocations, ionctions, difionctions, deffenfes particulieres, eflargiffemens pour caufes ciuiles, ceffions
de biens, main-leuées, oppofition à l'execution de vente de meu-
bles, & des Arrefts de ladite Cour non contradictoirement donnez, publications de monitions, reintegrandes, fequeftres, prouifions, & autres matieres fommaires, il fera mis fur icelle Requefte, parlent fommairement les parties à l'vn des Confeillers
qui fera à cette fin commis, fans qu'il foit befoin qu'icelle Re-

quefte foit rapportée ; mais il fuffira qu'elle foit mife fur le Bureau par celuy des Confeillers qui s'en fera chargé, au pied de laquelle Requefte, fera eftendu par l'vn des Clercs du Greffe feruant à la Chambre le parlent fommairement, le nom du Rapporteur laiffe en blanc, pour eftre à l'inftant remply de la main du Prefident, fans qu'il foit befoin d'aucune diftribution fur les Regiftres du Greffe de ladite Cour, lefdites Requeftes ainfi refponduës pourront eftre fignifiées le mefme iour, auec commandement de comparoir le lendemain de la fignification à la Barre de la Cour, deuant le Confeiller à ce commis ; Et fi la partie ne compare, le commandement fera reïteré pour le iour fuiuant. & à faute de comparoir, fera donné default ; par vertu duquel fera ordonné que la Requefte & pieces feront mifes dans le mefme iour pardeuers ledit Confeiller, pour deux iours apres la fignification de l'appointement eftre procedé au iugement de l'Inftance, & fi le deffendeur fournit de deffenfes, l'appointement fera figné par vn comparant, contenant feulement les noms des parties & dattes des Requeftes, fans qu'il foit fait ny dreffé aucun procez verbal par le Confeiller à ce commis. Et feront les pieces & productions des parties baillées & renduës fans paffer par le Greffe. Lequel appointement portera que lefdites Requeftes & pieces feront mifes pardeuers ledit Commiffaire, pour dans le mefme temps de deux iours apres que lefdites pieces auront efté mifes par l'vne des parties. L'autre fommée de fatisfaire de fa part eftre procedé au iugement de ladite Inftance fans autres forclufion ny fignification de Requefte : Lefquels deux iours ne courreront que du iour de l'acte de fommation fignifié, & ne feront les appellations de tels appointemens receuables : Et afin qu'il n'y ayt fubiet de donner Arreft à contredire, les parties feront tenuës fe bailler refpectiuement coppie l'vne à l'autre des pieces importantes qu'elles voudront mettre par deuers ledit Commiffaire. Et pour éuiter aux furprifes que pourroient commettre ceux qui font demandeurs en Requefte contre leurs parties, qui n'ont encores Procureur conftitue en la

Cour. Ordonne que fi leurſdites parties aduerſes font demeurantes en cette Ville ou Fauxbourgs, en ce cas ceux qui preſen-
teront telles Requeſtes, feront obligez par icelles d'en faire
mention, afin qu'elles puiſſent eſtre fignifiées à perſonne ou domicille de leurs parties aduerſes; Et d'autant qu'il eſt ſouuent neceſſaire de donner Arreſt ſur Requeſte. pour ou contre les perſonnes demeurantes hors cette Ville & Fauxbourgs, auant
qu'elles puiſſent eſtre fignifiées à perſonne ou domicille, & encore moins qu'aucun Procureur ayt pû eſtre conſtitué, en ce cas
quelques prouifions ou deffenſes qu'ayent obtenu tels demandeurs, le profit en ſera leué ſur la fimple fignification faicte au
Procureur de la Requeſte qui ſera preſentée à la Cour par la partie aduerſe, ſur laquelle Requeſte ſera touſiours mis ce parlent
ſommairement pour y proceder ainfi que dit eſt fi bon ſemble à
l'vne ou à l'autre des parties: Ne feront toutesfois leſdires deffenſes leuées, fi ce n'eſt contradictoirement aux cas qu'elles ayent
eſté données, d'abatre des bois de haute futaye, démolir maiſons, paſſer outre à vn contract, ou à la celebration d'vn mariage, d'enleuer ou retenir majeurs ou mineurs; Eſlargir priſonniers, les retenir ou traduire de priſon à autre. En cas d'abſence
ou maladie des Rapporteurs. En ſera ſubrogé vn autre ſur Requeſte par le Preſident, auquel Conſeiller ſubrogé feront baillées les pieces qui auront eſté miſes entre les mains du precedent
Commiſſaire, laquelle ſubrogation ſera fignifiee, à ce que la partie aduerſe n'en pretende cauſe d'ignorance, feront les Arreſts
qui interuiendront ſur leſdites Requeſtes prononcez de iour à
autre, ſans attendre le iour de la prononciation ordinaire, ne ſera
mis le committitur pour parler ſommairement que ſur les Requeſtes des cas cy-deſſus: Toutes les Requeſtes ſur leſquelles ſera
reſpondu, viennent les parties feront deliberées, & le nom du
Rapporteur cotté. Comme auſſi l'Ordonnance eſcrite & miſe
de la main de l'vn des Clercs du Greffe, feruant à la Chambre.
Deffenſes font faictes aux autres de l'entreprendre à peine d'a-
mende arbitraire contre le contreuenant: Et ſera le preſent

Arreſt

Arreſt publié en la Communauté des Aduocats & Procureurs.
Fait en Parlement le 4. Mars mil ſix cens quarante & vn.

Signé, GVYET.

Extraict des Regiſtres de Parlement.

SVR la plainte faicte à la Cour par le Procureur General du Roy de l'inexecution des Arreſts, meſme de celuy du vingt-deuxiéme Nouembre mil ſix cens dix, Portant Reglement pour le ſoulagement des parties, auquel les Procureurs eſtoient obligez d'obeir ; Et afin d'arreſter le cours des longueurs que quelques-vns d'enrr'eux apportent à l'expedition des affaires du Palais. Requeroit y eſtre pourueu : La Cour a ordonné & ordonne que l'Arreſt du vingt-deuxiéme Nouembre 1610. ſera executé, & ſuiuant iceluy, enioint aux Procureurs vuider hors Iugement dans trois iours apres le delay à eux donné, ſuiuant la diſtance des lieux, les cauſes d'appel des deffauts, Coutumaces, deſny de renuoy, fins de non proceder, taxes de deſpens faictes en preſence des Procureurs des parties. Deſertions, folles intimations, & autres cauſes legeres, paſſer dans ledit temps les appointemens pris ſur peine du ſejour des parties en leurs noms priuez de la ſomme de ſoixante ſols par chacun iour, & outre de vingt ſols chacun iour pour les neceſſitez des priſonniers, au payement deſquelles ſommes, les refuſans feront contraints en vertu de l'Ordonnance miſe au bas de la Requeſte, ſans qu'il ſoit beſoin d'en leuer executoire; & pour chacun des exploits d'execution qui ſeront faicts. Les Huiſſiers de ladite Cour ne pourront prendre que douze ſols pariſis : Ordonne que l'Arreſt ſera publié en la Communauté des Aduocats & Procureurs, à ce qu'ils n'en pretendent cauſe d'ignorance. Fait en Parlement le quatriéme Mars mil ſix cens quarante-vn.

Signé, GVYET.

H

Arreſt de la Cour de Parlement pour la Communauté des Procureurs,
contre les Poſtulans.

VE v par la Cour la Requeſte preſentée par la Communauté des Procureurs d'icelle ; contenant qu'encores que
par pluſieurs Arreſts & Reglemens, il ſoit prohibé & deffendu à
toutes perſonnes de faire la fonction & charge de Procureur
s'ils ne ſont receuz, & aux Procureurs de leur preſter leurs noms.
Ce neantmoins des ieunes Clercs & Soliciteurs, quoy qu'ils
n'ayent point de ſerment à Iuſtice, ſans experience, ignorant les
formes, Arreſts & Reglemens de la Cour, ſoubs le nom de quelques Procureurs, font la fonction & charge de Procureurs, ont
eſtudes, Clercs & Regiſtres, faiſant entendre aux Prouinces
qu'ils ſont Procureurs en la Cour, & ainſi abuſent les parties,
deſquelles ils tirent des Procurations & reuocations ſoubs des
eſperances qu'ils leur donnent, les engageant ſouuent en procez, ce qui preiudicie aux ſupplians. A CES CAVSES, requeroient qu'il leur fuſt permis de faire tranſporter vn des Huiſſiers
de ladite Cour és maiſons & eſtudes deſdits Clercs & Soliciteurs, pour faire ſommaire deſcription des Regiſtres, papiers &
ſoubſcriptions des lettres & pacquets qui s'y trouueroient pour
juſtifications deſdites contrauentions, & iceux bailler en garde
aux Procureurs ſoubs le nom deſquels ils poſtulent pour en
apres ſe pouruoir par les ſupplians, ainſi qu'ils verroient bon
eſtre, veu auſſi l'Arreſt du vingtiéme Iuillet ſix cens vingt-ſept,
& autres pieces attachées à la Requeſte : Conclusions du Procureur General du Roy : Tout conſideré. LADITE COVR a
ordonné & ordonne que ledit Arreſt du dixiéme Iuillet & autres
precedens ſeront executez, & ſuiuant iceux fait iteratiues deffenſes aux Procureurs d'icelle, preſter leurs noms aux Clercs,
Poſtulans & Soliciteurs de quelque qualité & condition qu'ils
ſoient, directement ou indirectement, ſigner, ny faire aucunes

expeditions, pour, ny auec eux. Et aufdicts Clercs, Poftulans &
Soliciteurs eux charger d'aucunes affaires, & de s'ingerer en la
fonction de ladite charge de Procureur foubs les peines portées
par lefdits Arrefts : Permis aux fupplians d'informer pardeuant
le premier des Confeillers de ladite Cour, des contrauentions
faictes aufdits Arrefts pour l'information faicte & rapportée
communiquée audit Procureur General, eftre procedé contre
les contreuenans, ainfi qu'il appartiendra : Et fera le prefent Arreft leu & publié, tant en la Communauté defdits Procureurs
qu'à la Barre de ladite Cour, & affiché aux Portes de la Salle du
Palais, à ce qu'aucun n'en pretende caufe d'ignorance. Fait en
Parlement le vingt-quatriéme Mars mil fix cens quarante-
deux.   Signé,   GVYET.

*Le prefent Arreft fuiuant l'Ordonnance de la Cour porté par ice-
luy a efté leu en la Communauté des Procureurs, le Ieudy vingt-fep-
tiéme Mars mil fix cens quarante-deux. Signé, GIRY. Greffier.*

*Arreft de la Cour de Parlement, fur le faict du Reiglement des
Inftances d'Oppofition.*

SVR ce que le Procureur General du Roy a remonftré à la
Cour, que au preiudice de l'Arreft d'icelle donné fur le Reglement des Parlent Sommairement, il fe commet plufieurs defordres aufquels il eft neceffaire de remedier : La matiere mife
en deliberation : LADITE COVR, A faict & faict inhibitions & deffences à tous Procureurs de ladite Cour de figner,
ny prefenter aucunes Requeftes pour obtenir Parlent Sommairement, à autre Confeiller qu'à celuy qui aura efté premierement commis, foit pour eftre receus oppofans ou autrement,
leur enioint de fe pouruoir pardeuât le Confeiller premier commis, & y déduire & propofer leurs deffences & exceptions, fi
aucunes ils ont, à peine d'amende, & de tous defpens domma-

ges & interests des parties : Et sera le present Arrest leu & publié
à la Communauté des Aduocats & Procureurs de ladite Cour.
Faict en Parlement le quatriéme iour de Fevrier mil six cens
quarante-cinq, Signé, GVYET.

*Leu & publié suinant l'Ordonnance de la Cour en l'Assemblée, par
moy Greffier souz-signé le 26. May 1645. Signé, ASSE.*

*Arrests de la Cour de Parlement pour le Reiglement concernant
les Causes des Roolles.*

LA Cour pour l'expedition des causes des Roolles ordinaires demeurez sans auoir esté appellées, ny expediées; A enjoint & enjoint aux Procureurs vuider hors Iugement les causes
d'appel, de defauts, contumaces, desny de renuoy, taxe de despens, presence des Procureurs des parties, desertions, folles intimations, & autres causes legeres dans le delay, selon la distance des lieux, du iour du commandement qui leur sera fait,
& en passer appointement au Greffe à peine d'amende arbitraire, dommages & interests des parties. Leur faisant defences sur les mesmes peines faire pour raison de ce incidens à la
Barre, ains se pouruoiront en iugement. Et quant aux causes desdits Roolles ordinaires non appellées & expediées
par Arrest, congé ou defaut pour y faire droict. A appointé &
appointe les parties au Conseil a escrire, produire, sauf à regler, à informer & bailler contredits s'il y eschet, en signeront
les Procureurs les appointemens, & à leur refus apres interpel-
lation à eux faicte. Ordonne que lesdits appointemens au Conseil seront par le Greffier ou son Commis expediez sur les Roolles qui seront mis au Greffe par le premier Huissier, & le iour de
l'expedition cotté sur lesdits Roolles qui demeureront au Greffe
pour y auoir recours, & neantmoins si aucunes causes estoient

remifes à autres Roolles, publiez auant lefdits appointemens au
Confeil, expediez & fignifiez, les parties feront tenus plaider,
autrement fera donné exploict. Publié en Iugement le feptiefme Septembre mil fix cens.   Signé,   VOISIN.

Extraict des Regiftres de Parlement.

LA COVR pour l'expedition des caufes des Roolles ordinaires demeurées fans eftre appellées lors que les iours à
iceux Roolles deftinez font expirez, les ayant par Arrefts cy deuant donnez, appointez au Confeil, pour en eftre les appointemens deliurez apres les Audiances ceffées, pendant lefquelles
ceux qui voudroient faire plaider leurs caufes, en peuuent pourfuiure l'Audiance aux iours extraordinaires que fe plaident les
caufes de toutes les Prouinces. Mais l'affluence & multitude
dont icelles Audiances extraordinaires font chargées, ne per-
mettant qu'ils ayent l'expedition leur eft plus prompte & facile
par les appointez au Confeil : iceux expediez comme les Roolles ceffent, fans attendre la fin des Audiances. A quoy voulans
pouruoir pour l'expedition de la Iuftice aux parties. A OR-
DONNE' ET ORDONNE que les appointemens au Con-
feil des caufes des Roolles ordinaires de la qualité de celles qui y
font reglées ; Seront à l'aduenir deflors que l'on ceffera plaider
defdits Rolles fur iceux expediez fans plaidoyé, ny que les qualitez puiffent preiudicier prealablement fignifiez au Procureur
auant les defliurer. A cefte fin le premier Huiffier incontinent
que lefdits Roolles cefferont les mettra pardeuers le principal
Commis du Greffe, pour fur iceux cotter le iour de l'expedition,
& y auoir recours, fans neantmoins que par iceux appointez au
Confeil, puiffent empefcher la plaidoyrie des caufes, s'y aucunes
fur autres Roolles, ou par aduenir font appellées dans le mois de
l'expedition au Greffe, & fignification dudit appointé au Confeil, nonobftant lequel feront tenus de plaider, autrement ex-

ploicts feront donnez pour eftre le profit d'iceux adiugé, fauf à
les regler s'il y efchet. Et fi apres vn mois ladite expedition &
fignification lefdites caufes eftoient appellées, ne feront tenus
plaider fi bon ne leur femble, ains demeureront lefdits appointemens au Confeil. Publié à la Barre de ladite Cour, le cinquiefme iour de Iuin, mil fix cens douze. Signé, VOISIN.

Extraict des Regiftres de Parlement.

CE iour la Cour ayant deliberé fur les difficultez qui fe font
depuis peu prefentées fur l'execution des Arrefts d'icelle,
des 7. Septembre mil fix cens, & cinquiefme Iuin fix cens douze, & autres Arrefts depuis donnez pour l'expedition des caufes des Roolles ordinaires, demeurées fans auoir efté appellées
& expediees; Et ouy fur ce le Procureur General du Roy. A Ordonné & Ordonne executant & interpretant lefdits Arrefts des
7. Septembre & cinquiefme Iuin. Qu'en toutes les caufes qui
feront plaidees efquelles la Cour appointera les parties au Confeil, il fera mis que les parties bailleront contredits & faluations,
Et pour toutes les autres caufes des roolles ordinaires non appel-
lees & expediees apres que la plaidoyrie d'iceux fera ceffée, feront appointees au Confeil à efcrire & produire feulement, fauf
à regler les parties à informer & bailler contredits s'il y efchet,
conformément aufdits Arrefts defdits fept Septembre, & cin-
cinquiefme Iuin. Ordonne que lefdits Arrefts & le prefent feront leus en la Communauté des Aduocats & Procureurs de ladite Cour. FAICT en Parlement, le cinquiefme Aouft mil fix
cens quarante-cinq. Signé, GVYET.

*Les Arrefts cy-deffus ont efté leus & publiez en la Communauté des
Aduocats & Procureurs de ladite Cour par moy Greffier d'icelle, fous-
figné, le quatorziefme Aouft mil fix cens quarante-cinq.*
  Signé, ASSE.

Arreſt de la Cour de Parlement donné au profit de Maiſtre Iean Mau-
gars Procureur, Contenant que comme creancier priuilegie
il ſera payé de ſes frais & ſalaires.

ENTRE Iean Maugars Procureur en Parlement, demandeur en requeſte du quatriéme Septembre 1615. d'vne part,
& Meſſire Emanuel du Creuſſol Duc Duzes, Claude Leleu Ad-
judicataire des Bois de Leuy & des Mareſchaux appartenans
audit Sieur Duzes, & Iacques de la Ville ſaiſiſſant, deffendeurs
d'autre. VEV par la Cour en la Chambre de l'Edict ladite Requeſte tendante à ce que la ſaiſie faite par ledit Maugars ſur les
deniers prouenans de la vente faite audit Leleu deſdits Bois, fuſt
declarée bonne & valable, & euocquant ce qui deſpend de l'e-
xecution de la Sentence des Requeſtes du Palais du huictieſme
Aouſt 1617. que la ſomme de quinze mil liures que ledit Leleu
deuoit payer par aduance aux creanciers dudit Duc Duzes, luy
fut baillée & deſliurée par preference, ſur & tant moins de la
ſomme de ſix mil neuf cens quarante ſix liures à luy deuë comme creancier de la feuë Dame Duzes Comteſſe de Tonnere, qui
eſtoit principal creancier dudit Duc Duzes, & intereſts d'icelle
ſomme eſcheus depuis le 23. May 1603. enſemble des frais, ſalaires & vaccations par luy faits à la pourſuite des droicts de la
ſucceſſion deladite Comteſſe de Tonnere, qu'il feroit taxer par
vn bref eſtat. En quoy faiſant ledit Leleu demeureroit quitte
& deſchargé, & ledit Duc Duzes enuers & contre tous, ou en
tout cas que ledit Maugars demeureroit chargé deſdites ſommes comme depoſitaire de biens de Iuſtice, pour la rendre &
reſtituer ſi faire ſe doit: Deffence, appointement à mettre, productions deſdites parties, requeſte de Paul de Seue du 12. Decembre dernier, afin d'interuention. Arreſt du quinzieſme
Ianuier dernier, par lequel ledit de Seue auroit eſté receu partie
interuenante en ladite inſtance, Ordonne qu'il bailleroit ſes

moyens d'interuention, produiroient les parties ce que bon
leur sembleroit, & acte audit Maugars de ce qu'il auroit employé pour toute production, ladite instance, forclusion de
produire, & bailler moyens d'interuention par ledit de Seue.
Autre Requeste dudit Maugars du troisiesme Feurier 1613. tendant à ce que l'appel interjeté par ledit Sieur Duzes de ladite
Sentence des Requestes du Palais, l'instance d'ordre mentionné en icelle seroit euocqué & passé outre au jugement de ladite
instance, ou en tout cas que le contract de vente faite desdits
Bois, seroit entretenu par prouision & par le moyen de la preference adjugée audit Maugars, & les consentemens faits par
lesdits heritiers de la feuë Dame Duzes, ledit Leleu & ses cautions contraincts comme depositaires de biens de Iustice, luy
payer sur ce qu'ils doiuent la somme de six mil neuf cens qua-
rante-huict liures dix sols, auec les interests depuis escheus le
mois de May 1604. sans preiudice audit Maugars de ses autres droicts, & de se pouruoir ainsi qu'il verra bon estre: Sur
laquelle requeste auroit esté Ordonné que les parties parleroient sommairement pardeuant l'vn des Conseillers d'icelle,
Arrest du sixiesme Aoust 1616. par lequel le deffaut obtenu par
ledit Maugars contre lesdits Duzes, Leleu, Charles Hautemps
Procureur en ladite Cour en son nom, Pierre Turreau, & Guillaume Roussel, tant pour eux que pour leurs coheritiers, Martin de Sainct Aubin & autres creanciers & opposans à la deliurance desdits deniers, appellez & non comparans, pour res-
pondre aux conclusions de ladite requeste, auroit esté joinct à
ladite instance au procez pendant entre les parties en la quatriéme Chambre des Enquestes. Autre Arrest du douziesme Decembre dernier, par lequel auroit esté ordonné que lesdites parties prendroient communication de leurs productions pour
bailler contredits dudit Maugars. Forclusions de fournir par
lesdits Sieurs Duzes, Doville, Leleu & de Seue. Autre Requeste
du vingt-quatriesme May 1617 presentée par ledit Maugars
comme Procureur des heritiers de ladite Comtesse de Tonnere,

tendant

tendant à ce que fur les deniers prouenans de la vente defdits
Bois illuy fuſt baillé la fomme de fix mil liures pour fubuenir aux
frais qui luy conuient faire pour la liquidation des droiĉts deus
aux heritiers: Icelle requeſte mife au fac, pour en jugeant y auoir
tel efgard que de raifon. Autre Arreſt du dix-neufiefme Aouſt
dernier, par lequel ledit procez & inſtance joint pendant en la
quatriefme Chambre des Enqueſtes, auroit eſté euocqué en
icelle Chambre de l'Ediĉt. Autre Arreſt du 21. Mars dernier,
par lequel eſt ordonné que dans trois iours ledit Duc Duzes feroit apporter ledit procez, & que dans huiĉtaine Benoiſt inter-
uenant & euocquant, mettroit fon interuention en eſtat de iuger ; autrement que la prefente inſtance feroit iugée feparé-
ment, laquelle deſlors elle auoit difioint : Requeſte du 26. Auril
de forclufion de fatisfaire audit Arreſt par ledit Sieur Duzes, &
Benoiſt tout joint & diligemment examiné. DIT A ESTE'
que ladite Cour a Ordonné, que fur la fomme de quinze mil
liures que ledit Leleu eſt obligé payer par aduance aux creanciers dudit Duzes: Ledit Maugars comme creancier priuilegié
de ladite de Clermont, fera payé fuiuant l'Arreſt de preference
par luy obtenu le 14. May & 7. Septembre 1609. de la fomme
de fix mil neuf cens quarante fix liures, & des frais, falaires &
vacations par luy faits à la pourfuite des droiĉts de la fucceſſion
de ladite de Clermont, lefquels il fera liquider dans quinzaine
pardeuant l'executeur du prefent Arreſt auec le Procureur dudit
Duzes & le plus ancien Procureur defdits creanciers, & ce par
prouifion feulement à la caution juratoire dudit Maugars, qui
fe chargera comme depofitaire de biens de Iuſtice, de rendre &
reſtituer lefdites fommes s'il y efchet : A quoy faire ledit Leleu &
fes cautions y feront contrainĉts par toutes voyes deuës & rai-
fonnables, nonobſtant les oppofitions & empefchemens qui
pourroient fubuenir de la part defdits creanciers, En quoy faifant ils demeureront valablement defchargez enuers & contre
tous, & ledit Duzes enuers les heritiers de ladite de Clermont,
fans preiudice des droiĉts des parties au principal, lequel ladite

I

Cour a ordonné & ordonne qu'il demeurera joint audit
procez par efcrit, pour fur le tout y eftre fait droiƈt, defpens,
dommages & interefts referuez. Prononcé le trentiefme Iuin
mil fix cens dix huiƈt, Et à l'inftant ledit Maugars en perfonne
au Greffe, s'eft conftitué depofitaire comme de biens de Iuftice,
pour receuoir les fommes y contenuës. Signé, VOYSIN.

---

*Arrefts de la Cour de Parlement, Concernant les frais & falaires des
Procureurs, donnez au profit de feu Maiftre Iacques Palluau, &
Charles Sionniere Procureur en la Cour.*

ENTRE Maiftre Iacques Palluau, Procureur en la Cour,
tant en fon nom, que comme ayant fuccedé à l'eftude &
pratique de deffunƈt Maiftre Samuel Menjot, demandeur en
requefte du dixiefme Avril 1630. d'vne part; & Maiftre Philip-
pes de Pertion, Sieur Duroger, defendeur, d'autre. VEV PAR
LA COVR ladite requefte, tendante à ce que ledit defendeur
foit condamné payer audit demandeur, & rembourfer les frais,
falaires, & vaccations employez pour les affaires, tant par ledit
deffunƈt Menjot, que par ledit demandeur, depuis le mois de
Iuin 1619. fuiuant la declaration qui en fera dreffee, defduƈtion
faite de ce qui aura efté payé, deffenfes, repliques, dupliques. Arreft du dix-neufiefme Iuillet 1630. par lequel, fur lefdites demandes, defenfes & repliques lefdites parties auroient efté appointées en droiƈt, à efcrire & produire ce que bon leur fembleroit. Efcritures & produƈtions defdites parties. Et tout
confideré. DIT A ESTE', Que ladite Cour a condamné &
condamne ledit defendeur payer, & rembourfer audit demandeur, les frais, falaires & vaccations, employez pour fes affaires,
tant par ledit deffunƈt Menjot, que par ledit demandeur, depuis
le mois de Iuin 1619. iufques au neufiefme Avril 1630. que ledit
demandeur auroit efté reuoqué, fuiuant la taxe qui en fera faite
par l'executeur de l'Arreft, fur la declaration qui en fera baillée

par ledit demandeur, déduction faite de ce qui se trouuera auoir
esté payé audit defunct Menjot, & ses Clercs, & audit demandeur. Et à cette fin, sera tenu iceluy demandeur representer son
registre, ensemble celuy dudit deffunct Menjot, & se purger
par serment de ce qui aura esté receu, & ce faisant, sera tenu ledit
demandeur, rendre & restituer audit defendeur, ses papiers, tiltres & procedures, & se purger par serment, que par dol, &
fraude, il n'a delaissé de les auoir. Et si a condamné & condamne ledit defendeur, és despens de l'instance, modérez & liquidez
à douze liures parisis. Prononcé le quatriesme Ianuier, mil six
cens trente-vn. Signé, PALLVAV.

Demamde en condemnation de frais & salaires.

LOVIS, &c. De la partie de Charles Sionniere, Procureur en nostre Cour de Parlemeut, &c.

Deffences.

IACQVES de Villepoix Escuyer sieur de Fremericourt defendeur, dit pour fins de non receuoir pardeuant Vous, Nos-
seigneurs de Parlement,
à l'encontre de Maistre Charles Sionnere Procureur en ladite
Cour, ayant la practique de Maistre François Dupuis, demandeur en condemnation de pretendus frais, salaires & vaccations, selon la Commission du 14. Fevrier 1631.
Qu'il y a 4. ans & plus que ledit Dupuis n'est plus son Procureur, ne l'a chargé d'aucune cause, depuis ce temps-là, ny a esté
continué en ses affaires, & consequemment par l'Ordonnance
& arrests de la Cour, sur ce interuenus : il est non receuable:
Quoy que ce soit, ledit Sionnere qui se dit estre en son lieu, à
faire demande apres deux ans de sesdits frais & salaires. C'est
pourquoy le defendeur soustient que la demande dudit demandeur est vne pure vexation, & qu'il doit estre enuoyé d'icelle
auec despens.

Et par ce mefme acte, le defendeur fe conftituë incidemment demandeur contre ledit Sionniere, oudit nom, à ce qu'il foit condamné luy rendre & reftituer tous & chacuns les papiers, tiltres & enfeignemens concernans les procez & inftances efquels ledit Dupuis a cy-deuant occupé, dont il fera tenu fe purger par ferment, luy cotter les iours des produits, mis & concluds des procez. A quoy il conclud & demande defpens. Signé pour copie, Tronçon. Et plus bas, fignifié le vingt-quatriefme Avril 1631.

Deffences fur la demande incidente.

Maiftre Charles Sionniere Procureur en Parlement, incidemment deffendeur.

Contre Iacques de Villepoix, Efcuyer, fieur de Fremericourt, demandeur par le moyen defdites defenfes du 24. Auril 1631.

DIT pour defenfes pardeuant Vous, Nofſeigneurs de Parlement à Paris, qu'il eft preft & offre de rendre & reftituer audit demandeur fes papiers aux termes de l'appointement qu'il a ce iourd'huy offert, conforme à vn Arreft de ladite Cour, contradictoirement donné le quatriefme Ianuier dernier, au profit de Maiftre Iacques Palluau Procureur en icelle, qui a fuccedé à la pratique de feu Maiftre Samuel Menjot, fur lequel Arreft, ledit appointement a efté dreffé mot pour mot, proteftant pour le refus de le paffer, & de tous defpens, dommages & interefts, duquel Arreft luy fera baillé copie.

LE troifiefme May 1631. fut le prefent fignifié & baillé coppie, enfemble de l'Arreft y mentionné à Maiftre Tronçon, Procureur de partie aduerfe, figné de Riencourt.

Repliques.

IACQVES de Villepoix, Efcuyer fieur de Fremericourt, defendeur & incidemment demandeur, afin de reftitution de

ſes tiltres & papiers, ſelon les defenſes par luy fournies le 24.
Auril 1631.

Dit pour repliques aux defenſes & appointemens offert le
troiſieſme du preſent mois de May, pardeuant Vous, Noſſei-
gneurs de Parlement.

A l'encontre de Maiſtre Charles Sionniere Procureur en ladite Coûr, demandeur & defendeur. Que par les Arreſts de la
Cour, ſur ce interuenus, il n'a iamais eſté iugé, que les Procureurs apres vne reuocation, puiſſent vſer de retention de tiltres
& papiers, concernant les cauſes eſquelles ils ont occupé pour
leurs parties. Ce qui ſeroit du tout contraire à l'Ordonnance,
qui porte expreſſément qu'ils ne les pourront retenir, ayant ſeulement leur action pour leurs ſalaires & vaccations, & partant
l'Arreſt donné au profit de Maiſtre Iacques Palluau Procureur
en ladite Cour le quatrieſme Ianuier dernier communiqué au
Procureur dudit de Villepoix le troiſieſme du preſent mois de
May, ne ſert point de preiugé au faict dont il s'agiſt. C'eſt pourquoy ledit ſieur de Fremericourt ſouſtient que ledit Sionniere
doit paſſer condemnation pure & ſimple de la reſtitution deſdits papiers : ſauf audit Sionniere à ſe pouruoir ſur ſa demande
en pretendus frais & ſalaires, ainſi qu'il verra bon eſtre: perſi-
ſtant pour ce regard aux fins de non receuoir, & defenſes qu'il a
fournies le vingt-quatrieſme Avril dernier: A quoy il conclud,
& demande deſpens, dommages, & intereſts. Signé pour copie,
Tronçon. Et plus bas, ſignifié le ſixieſme May 1631.

✿✿✿ ✿✿✿ ✿✿✿ ✿✿✿ ✿✿✿ ✿✿✿ ✿✿✿ ✿✿✿ ✿✿✿ ✿✿✿

Extraict des Regiſtres de Parlement.

ENTRE Maiſtre Charles Sionniere, Procureur en Parlement,
demandeur en condemnation de frais & ſalaires, comme
ſubrogé à la pratique de Maiſtre François Dupuis, auſſi Procureur en ladite Cour, demandeur ſelon le contenu en ſa Commiſſion du quatorzieſme Fevrier dernier, & defendeur d'vne part:

Et Iacques de Villepoix, Eſcuyer, ſieur de Fremericourt, defendeur, & incidemment demandeur, afin de reſtitution de ſes tiltres & papiers, ſelon les defenſes par luy fournies le vingt-quatrieſme Avril auſſi dernier, d'autre. V E V P A R L A C O V R, ladite Commiſſion obtenuë par ledit Sionniere le quatorzieſme
Fevrier dernier, à ce que ledit de Villepoix fuſt condamné luy
payer & rembourſer les frais, ſalaires & vaccations employez
pour ſes affaires par ledit Dupuis, ſuiuant la taxe qui en ſeroit
faite, ſur la declaration qui en ſeroit baillée par ledit Sionniere,
deſduction faite de ce qui ſe trouueroit auoir eſté payé audit
Dupuis, & outre condamné és deſpens.: Deffenſes dudit de Villepoix du vingt-quatrieſme Avril dernier, contenant auſſi ſa
demande incidente, à ce que ledit Sionniere fuſt condamné luy
rendre & reſtituer tous & chacuns les papiers, tiltres & enſeignemens concernans les procez & inſtances eſquels ledit Dupuis auoit cy-deuant occupé pour luy, & dont il ſeroit tenu ſe
purger par ſerment, & luy cotter les iours des mis, produits &
concluds des procez : Deffenſes dudit Sionniere à ladite demande incidente. Repliques. Appointement en droict. Productions deſdites parties : Et tout conſideré. D I T A E S T E', Que
ladite Cour a condamné & condamne ledit de Villepoix, payer
& rembourſer audit Sionniere, ou dit nom, les frais, ſalaires &
vaccations employez pour ſes affaires par ledit Dupuis, ſuiuant
la taxe qui en ſeroit faite pardeuant l'executeur du preſent Arreſt, ſur la declaration qui en ſeroit baillée par ledit Sionniere,
deſduction faite de ce qui ſe trouueroit auoir eſté payée audit
Dupuis, & à ſes Clercs. Et à ceſte fin ſeroit tenu ledit Sionniere
repreſenter les Regiſtres de recepte dudit Dupuis, & ce faiſant
ſera tenu iceluy Sionniere rendre & reſtituer audit de Villepoix,
ſes papiers, tiltres & procedures, & ſe purger par ſerment, que
par dol & fraude, il ne delaiſſe de les auoir, & condamné ledit de
Villepoix és deſpens. Prononcé le quatorzieſme Aouſt mil ſix
cens trente-vn.

Signé,   R A D I G V E S.

Arreſt de la Cour de Parlement, donné au profit de Iamet Sionniere Procureur, contre le ſieur Millotet & ſes heritiers, pour ſes frais & ſalaires.

ENTRE Maiſtre Iamet Sionniere Procureur en la Cour, de-mandeur en condemnation de frais, ſalaires & vaccations faits au procez & inſtances, eſquels il a occupé pour les Sieur & Damoiſelle deffendeurs : acquittement d'indemnité des ſom-mes eſquelles il s'eſt ſolidairement, auec & pour leſdits deffen-deurs obligé ſous indemnité, ţant en principal, intereſt, que deſpens, & qu'en payant & acquittant iceux, offre de rendre toutes les pieces, tiltres, papiers, procez, inſtances & procedu-res qu'il a & peut auoir appartenans aux deffendeurs, ſelon les Requeſtes preſentées à la Cour les 4. Aouſt &
preſent mois, & deffendeurs d'vne part, & Damoiſelle Marie Dupuy veufue de feu Maiſtre Marc Antoine Millotet, viuant Aduocat General au Parlement de Dijon, Damoiſelle Beni-gne Millotet, fille & heritiere par benefice d'inuentaire du-dit deffunct, deffendeurs & demandeurs afin de reſtitution deſ-dits tiltres & papiers, procez & inſtances ſelon la requeſte pre-ſentée le   preſent mois, d'autre; Et encores ledit Sionniere demandeur en autre Requeſte du
preſent mois, à ce que le deffendeur cy-apres nommé fuſt con-damné en ſon propre & priué nom, comme reſignataire dudit Sieur Millotet dudit Office d'Aduocat General & poſſeſſeur d'iceluy, le payer, acquiter & indemniſer de la ſomme de cinq cens liures, intereſts & deſpens eſquels ledit deffunct Sieur Mil-lotet & ledit Sionniere, ont eſté condamnez enuers Iean Ion-chery Seruiteur de ladite Cour, & enuers lequel ils s'eſtoient ſo-lidairement obligez à cauſe des ſommes par luy payées & ad-uancées pour vaccations, eſpices, jugement de procez. Et Ar-reſt du ſeptieſme Septembre 163 z. rendu en cette Cour entre le-dit feu ſieur Millotet, & Maiſtre Pierre Deſbarès Preſident au-

dit Parlement, & autres sommes esquelles il s'est obligé pour
reste de frais & vaccations de redition, examen & grosse des
comptes rendus par ledit sieur Millotet & Dupuy sa femme,
tant du benefice d'inuentaire, & Damoiselle Françoise Armet,
que de iouyssances pretenduës par eux faites ; Comme aussi de
ses frais, salaires & vaccations, & comme possesseur & iouys-
sant dudit Office d'vne autre part: Et ledit Maistre Marc Antoine Millotet à present Aduocat General du Roy audit Parlement de Dijon deffendeur d'autre; sans que les qualitez puissent preiudicier : Apres que Loiseau pour la defence du sieur
Millotet, a conclud en sa Requeste, à ce que le defendeur soit
condamné luy rendre & restituer toutes & chacunes les pieces
des procez ausquels il a pour son defunct mary & elle occupé, qui sont pardeuers le defendeur. Et quant à la Requeste de
Sionniere, tant pour la vefue du sieur Millotet, offert luy payer
ses frais, salaires & vaccations, comme heritiere beneficiaire,
& à l'esgard du sieur Millotet fils, attendu qu'il a renoncé à la
succession de son deffunct pere enuoyé absous des frais, & salaires demandez par ledit deffendeur , & en ce qui concerne
l'indemnité baillee par ledit sieur Millotet fils, pour les cinq
cens liures aduancées par Ionchery où il seroit interuenu auec
son dit defunct pere ; a consenty que l'Office de son defunct pere d'Aduocat General au Parlement de Dijon, dontil est titulaire, y demeure affecté & hypothequé. Ouy Sionniere Aduocat du defendeur en ses defences, qui a conclud en sa Requeste,
à ce que la veufve Millotet, son fils comme titulaire de l'Office
de son defunct pere, seront condamnez en leurs noms à luy
payer ses frais & salaires, & à l'esgard de Benigne Millotet fille
au nom d'heritiere beneficiaire ; & encores ledit Millotet fils
sans s'arrester à ses offres, attendu qu'il possede ledit Office, &
oblige auec defunct son pere au payement des cinq cens liures
aduancées pour consignations & espices desdits procez, les
obligations & promesses estre executees contre le fils en son
nom. LADITE COVR ayant aucunement esgard aux Requeste

queftes, De Sionniere a condamné & condamne la veufue Millotet le rembourfer & payer de fes frais & falaires faits aux procez dont eft queftion, defquels elle & le deffunct fieur Millotet
l'ont chargé, enfemble le fils comme titulaire de l'Office dudit
deffunct Millotet fon pere & la fille, fuiuant fes offres comme
heritiers par benefice d'inuentaire de fondit deffunct pere, Ce
faifant fur la Requefte de la veufue Millotet, condamné ledit
Sionniere, luy rendre tous & chacuns les tiltres & papiers à elle
appartenant qu'il a pardeuers luy, prealablement remboursé
de fes frais & falaires, & condamné lefdits Dupuy & Millotet,
efdits noms & defpens liquidez à huict liures parifis. Faict en
Parlement en la Chambre de l'Edict le vingt-troifiefme Decembre mil fix cens trente-fept.

Arreft de la Cour de Parlement, donné au profit de Roger, comme
ayant fuccedé à la praticque de deffunct Sorel.

ENTRE Maiftre Iean Roger Procureur en Parlement, ayant
fuccedé à la pratique de deffunct Maiftre Nicolas Sorel,
viuant auffi Procureur en ladite Cour, demandeur en condemnation de frais & falaires, d'vne part; & Maiftre Iacques Thieriac
Cómis au Greffe de l'Eflection d'Auxerre, & Germaine Maillard
fa femme, fadite femme fille & heritiere en partie de defunct Michel Maillard fon pere, authorizée par Iuftice au refus dudit
Thieriac defendeurs & demádeurs, à ce que ledit Roger foit condamné luy rendre & reftituer leurs papiers, pieces & procedures,
d'autre. Appointé eft que la Cour à códamné ledit Roger rendre
& reftituer les papiers, pieces & procedures des procez & inftances où ledit deffunct Sorel a occupé par ledit Michel Maillard pour lefdits Thieriac & fa femme dans trois iours pour
tous delays és mains de Maiftre Ifac Aymeric à prefent leur Procureur qui s'en chargera pour les reprefenter fi befoin eft, condamne auffi lefdits Thieriac & fa femme chacun à leur efgard
payer audit Roger les frais, falaires & vaccations qui fe trouue-

ront deubs audit deffunct Sorel defduifant le receu, à ces fins
exhibera le papier de recepte dudit defunct, & l'affermera veritable.　Faict en Parlement le premier Iuin mil fix cens quarante-vn.　Signé,　　GVYET.

*Arreft de la Cour de Parlement donné au profit de Roger, qui a fuc-
cedé à la pratique de Sorel.*

VEv par la Cour le deffaut obtenu par Maiftre Iean Roger Procureur en Parlement, tant en fon nom que comme ayant fuccedé à l'Office & pratique de Maiftre Nicolas Sorel
demandeur en condemnation de frais & falaires aux fins de fa
Requefte du trente-vniefme Mars dernier, contre Maiftre Thomas Morant, deffendeur, La demande fur le profit dudit deffaut.
Significations d'iceluy au Procureur dudit deffendeur.　Exceptions & repliques.　Requefte & pieces jointes & ce qui a efté
produit, tout confideré.　DICT A ESTE' que ledit defaut a
efté bien & deuëment obtenu, & adiugeant le profit, ladite
Cour a condamné & condemne ledit deffendeur payer audit
demandeur tous & chacuns les frais, falaires, iournées & vaccations faits & debourfez, tant par luy que par ledit deffunct Sorel és procez & inftances qu'ils ont pourfuiuies pour ledit deffunct, tant en ladite Cour, Cour des Aydes, qu'autres Iurifdictions de l'entlos du Palais, lefquels il baillera par vne fommaire declaration qui fera prealablement communiquée au
Procureur dudit deffendeur, pour dire ce que bon luy femblera, & defduction fera faite de ce qui fe trouuera fur ce receu:
A cette fin exhibera ledit demandeur fon regiftre & celuy
dudit deffunct Sorel, & fe purgera par ferment. Et ce fait
fera procedé à la taxe en la maniere accouftumée.　Condamne ledit demandeur de fon confentement, rendre &
reftituer audit deffendeur toutes & chacunes les pieces & papiers à luy appartenans, defquelles il luy baillera defcharge

au bas d'vn inuentaire. Sionniere, si mieux n'ayme, ledit des-
fendeur bailler descharge generale ou particuliere sur les regi-
stres, & se purgera aussi ledit demandeur par serment, n'auoir
autres pieces & ne delaisser de les auoir par dol ou fraude, condamne ledit deffendeur és despens de l'instance dudit defaut, &
de tout ce qui s'en est ensuiuy, qui seront taxez par mesme declaration. Prononcé le sixiesme Iuin mil six cens quarante-
deux.

---

*Arrest de la Cour de Parlement, donné au profit de Maistre Charles de la
Coua Procureur, contre les heritiers de Monsieur d'Espernon.*

ENTRE Maistre Claude Cartier, tuteur oneraire des enfans
mineurs de Messire Bernard Duc de la Vallette, & de def-
functe Dame Gabrielle de France son espouse, demandeur en
requeste du 7. du present mois & an, A ce que suiuant l'Arrest du
cinquiesme du present mois & an, le deffendeur fust contrainct
par toutes voyes, mesmes par corps à luy deliurer tous les papiers, pieces & procedures concernans les affaires par luy poursuiuies pour deffunct Messire Iean Louis de la Vallette Duc
d'Espernon, Pair & Colonnel General de France, & defendeur
d'vne part, & Maistre Charles de la Coua Procureur en ladite
Cour, defendeur & demandeur en autre requeste dudit iour
septiesme Aoust, à ce qu'acte luy soit donnée de ce qu'il offre
rendre & restituer au Sieur Euesque de Mets, tuteur oneraire,
executeur testamentaire dudit feu Sieur d'Espernon audit Cartier, en ladite qualité de tuteur oneraire, & aux curateurs créez
à l'absence dudit sieur Duc de la Vallette, tous & chacuns les
papiers qui sont en sa possession, concernans la succession dudit feu sieur Duc d'Espernon, luy en baillant par eux tous bonne & valable descharge signée d'eux au pied de l'inuentaire qui
sera par luy faict, & attendu la quantité desdits papiers qui luy
soit pourueu d'vn delay de deux mois pour faire ledit inuentaire

d'autre, ſans que les qualitez puiſſent preiudicier, apres que
le Vaſſor pour Cartier demandeur, & de la Coua en ſon nom, de
la licence de la Cour ont eſté ouys. La Cour ordonne que dans
quinzaine le defendeur rendra les papiers en conſequence de la
procuration dont il demeurera valablement quitte & deſchargé, en payant neantmoins au deffendeur ſes ſalaires & vaccations. Faiƈt en Parlement le vingt-vn Aouſt mil ſix cens quarante deux.

Arreſt de la Cour de Parlement donné au profit de Varie Procureur,
Contre la Dame de Thianges.

ENTRE Maiſtre Edme Varie Procureur en la Cour, demandeur à l'entherinement d'vne requeſte par luy preſentée le vingt-ſeptieſme Fevrier dernier, d'vn part; & Dame
Gaſparde de Courtenay, veufue de feu Meſſire Paul de Thianges, viuant Eſcuyer ſieur des Barres, deffendereſſe d'autre: Et
encores ladite de Courtenay demandereſſe en requeſte du cinquieſme Mars auſſi dernier, d'vne part; & ledit Varie defendeur
d'autre. VEV PAR LA COVR ladite requeſte dudit Varie,
à ce que ladite de Courtenay fuſt condamnée luy payer tous les
frais, ſalaires; iournées & vaccations par luy faits, & debourſez pour ladite de Courtenay, & dont il ſeroit creu à ſon
ſerment, ſuiuant les pouuoirs & procurations qui luy auoient
eſté bailléz & fournis par icelle de Courtenay, & ordonné
qu'il ne pourroit eſtre contrainƈt de rendre & reſtituer ſes pieces
qu'au prealable il n'euſt eſté actuellement payé par ladite de
Courtenay: Et d'autant qu'il y auoit grand nombre de procez
& inſtances de procedures, que delay de trois mois luy fuſt donné pour faire faire l'inuentaire ſommaire des pieces qu'il con-
uénoit rendre à ladite de Courtenay, & l'eſtat des frais dudit
Varie, pendant lequel temps elle ne pourroit faire aucune pourſuite contre luy, ny le faire contraindre à reſtituer leſdites pie-

ces : fur laquelle requeste il auroit esté ordonné que les parties parleroient sommairement à l'vn des Conseillers de ladite Cour. Defenses & repliques. Appointement à mettre. Productions des parties. Ladite requeste de ladite de Courtenay dudit cinquiesme Mars, à ce que ledit Varie fust condamné luy rendre & restituer toutes les pieces, tiltres & papiers qu'il auoit appartenant à elle, sans preiudice d'autre deub, actions, despens, dommages & interests : sur laquelle requeste auroit esté aussi ordonné que les parties parleroient sommairement audit Conseiller commis. Defenses & repliques. Appointement à mettre, & joint. Productions desdites parties ; Ouy le rapport dudit Conseiller, & tout consideré. LADITE COVR faisant droict sur lesdites Requestes, a condamné & condamne ladite de Courtenay payer & rembourser audit Varie tous & chacuns ses frais, salaires & vaccations par luy faits, & deboursez en ses procez & affaires qu'il baillera par vne sommaire declaration. Desduction prealablement faite de ce qui se trouuera auoir sur ce receu, à cette fin exhibera son regiftre & se purgera par serment, pour ce fait estre procedé à la taxe en la maniere accoustumée : Condamne aussi ledit Varie rendre à ladite de Courtenay dans vn mois tous & chacuns les tiltres & papiers qu'il a à elle appartenans, luy en baillant descharge au bas d'vn inuentaire sommaire qui en sera par luy faict dans ledit temps, sans qu'il puisse estre contrainct rendre les procedures qu'il n'ait esté payé de sesdits frais & salaires & sans despens. Faict en Parlement le vingtiesme Mars mil six cens quarante-trois.

Arrest de la Cour de Parlement, donné au profit de Roger Procureur.

VEV par la Cour la Requeste presentée le cinquiesme Avril dernier, par Maistre Iean Roger Procureur en Parlement, contre Marie Tauxier veufue d'André Guillian, tutrice de ses enfans, & Michelle Guillian femme authorizee par

Iuſtice au refus de Iean Flotte, Sergent à Verge au Chaſtelet de Paris, à ce qu'il fuſt ordonné que leſdits Tauxier & Guillian remettroient és mains du Suppliant toutes & chacunes les pieces, productions & inſtances qu'il leur auroit baillées, pour eſtre ſur icelles les frais par ledit Suppliant faits pour eux taxéz, ſinon qu'aux articles de la declaration de deſpens faite par le ſuppliant, foy y ſeroit adiouſtée & les ſommes tirées au bout de la ligne, taxez audit ſuppliant, en affermant par luy, comme il eſtoit preſt d'affermer, que le contenu en ladite declaration eſtoit veritable : Sur laquelle requeſte auroit eſté ordonné que les parties parleroient ſommairement à l'vn des Conſeillers de ladite Cour. Defenſes & repliques. Appointement à mettre. Productions des parties. Ouy le rapport dudit Conſeiller, tout conſideré. LADITE COVR ayant eſgard à ladite Requeſte, A ordonné & ordonne que dans huictaine leſdits Tauxier & Guillian remetteroient és mains du ſuppliant les pieces, productions & inſtances qu'il leur a baillées pour eſtre ſes frais d'icelles taxes, autrement & à faute de ce faire ledit temps paſſé, ſeront les ſommes tirées en la declaration d'iceux allouées & taxées en affermant le contenu en ladite declaration eſtre veritable, & les condamne és deſpens taxez à huict liures pariſis. Faict en Parlement le dix-ſeptieſme Iuin mil ſix cens quarante-quatre.

Arreſt de la Cour de Parlement, donné au profit de Roger Procureur.

ENTRE Maiſtre Iean Roger Procureur en la Cour, tant en ſon nom, que comme ayant ſuccedé à l'Office & pratique de deffunct Maiſtre Nicolas Sorel, viuant auſſi Procureur en la Cour, demandeur en condamnation de frais & ſalaires aux fins de la Commiſſion par luy obtenuë en Chancellerie le vingt-cinquieſme May dernier, d'vne part ; & Pierre Cocheque, Marie Bourains ſa femme, fille & heritiere de defunct Martin Bou-

rains, & Hugüette Cheron defendeurs, d'autre. VEV PAR LA
CHAMBRE des Vaccations ladite Commiſſion & demande
dudit Roger, à ce que leſdits defendeurs fuſſent condamnez
luy payer tous & chacuns les frais, ſalaires, iournées & vaccations faits & debourſez, tant par ledit defunct Sorel, que par
ledit Roger és procez & inſtances qu'ils ont pourſuiuies, tant
pour iceux defendeurs, que pour leſdits deffuncts de Bourains
& ſa femme, leſquels il bailleroit par declaration, & outre
condamnez és deſpens de l'inſtance. Defenſes & repliques. Appointement en droict à eſcrire & produire. Productions des
parties, & tout conſideré. DICT A ESTE', Que ladite Chambre a condamné & condamne leſdits defendeurs, payer &
rembourſer audit demandeur tous & chacuns les frais, ſalaires,
iournées & vaccations faits & debourſez, tant par ledit defunct
Sorel, & par ledit Roger, és procez & inſtances deſdits defendeurs & deſdits deffuncts de Bourains & ſa femme, leſquels il
baillera par vne ſommaire declaration. Deſduction faite de ce
qui a eſté ſur ce receu, a cette fin exhibera le regiſtre dudit deffunct Sorel & celuy du demandeur, & ſe purgera par ſerment,
condamne leſdits deffendeurs és deſpens de l'inſtance, qui ſeront taxez par meſme declaration. Prononcé le huictieſme
Octobre mil ſix cens quarante-quatre. Signé, GVYET.

Arreſt de la Cour de Parlement, donné au profit de Roger Procureur.

ENTRE Maiſtre Iean Roger Procureur en la Cour, tant en
ſon nom, que comme ayant ſuccedé à l'Office & pratique
de deffunct Maiſtre Nicolas Sorel, viuant auſſi Procureur en
ladite Cour, demande aux fins de la Commiſſion par luy obtenuë en Chancellerie le vingt-cinquieſme MAY mil ſix cens
quarante-quatre, d'vne part; & MAIſtre Gilles Boſdelles Preſtre
Curé de Chartres, deffendeur d'autre. VEV PAR LA CHAMBRE
des Vaccations ladite Commiſſion, à ce que ledit Boſdelles

fuſt condamné payer audit demandeur, audit nom, tous les frais, ſalaires & vaccations faits par ledit feu Sorel és procez & inſtances eſquels il auoit occupé pour iceluy defendeur, tant en ladite Cour, Requeſtes du Palais, qu'autres Iuriſdictions de l'enclos du Palais, & outre ledit defendeur condamné és deſpens. Deffences & repliques. Appointement en droict. Productions des parties. Ouy le rapport du Conſeiller ſubrogé, tout conſideré. DICT A ESTE', Que ladite Chambre, apres affirmation faite par ledit demandeur, a condamné & condamne iceluy deffendeur payer audit demandeur les frais, ſalaires & vaccations faits tant en la Cour, que Requeſtes du Palais, & autres juriſdictions de l'enclos du Palais par ledit deffunct Sorel & le demandeur. Deſduction faite de ce qui ſe trouuera ſur ce receu : A cette fin exhibera les regiſtres, & ſe purgera par ſerment, & condamne le defendeur és deſpens. Prononcé le vingt-ſeptieſme Octobre mil ſix cens quarante quatre.

Signé, GVYET.

LOVIS PAR LA GRACE DE DIEV, ROY DE FRANCE ET DE NAVARRE. A tous ceux qui ces preſentes lettres verront, Salut; Sçauoir faiſons : Que, comme de la Sentence donnée par noſtre Preuoſt de Paris ou ſon Lieutenant le premier Aouſt mil ſix cens quarante-trois, Entre Guillaume Pens, Eſcuyer Sieur de ſainct Pont, Capitaine d'vne Compagnie au Regiment de Brezé, & Marie Bricart ſa femme, auparauant veufue de Iean Bordier Argentier de noſtre Eſcurie, demandeur aux fins de l'exploict du vingt-troiſieſme Nouembre mil ſix cens quarante-vn, & en quatre Requeſtes verballes du ſeizieſme Septembre mil ſix cens quarante-deux, & incidemment defendeurs, d'vne part; Et Maiſtre Claude Mareſchal, Procureur au Chaſtelet de Paris, en ſon nom defendeur & demandeur. Par ſes defences du dernier Decembre audit an 1641. & en trois Requeſtes verbales des 15 Feurier, 4. & 14. Iuin 1642. d'autre,

par

par laquelle auroit esté ordonné, que la somme de deux cens
neuf liures contenuë au mandement du Commissaire de Laistre
commis à faire l'Ordre & distribution du prix des dix arpens de
terre adiugez à ladite Bricart, à cause des frais extraordinaires
des criées auparauant poursuiuies par ledit Mareschal, comme
Procureur dudit deffunct Bordier desdits dix arpens de terre
dont estoit question : ladite somme adiugée par prouision ausdits Pens & Bricart par sentence du troisiesme Iuin mil six cens
quarante, demeureroit definitiuement eux & leurs cautions,
si aucunes ils auroient baillées pour l'execution de ladite sentence, descharger en affermant neantmoins par ledit Bricart, ledit Mareschal auoir esté payé par ledit Bordier & elle desdits frais extraordinaires décriés, & outre ledit Mareschal condamné rendre & restituer ausdits Pens & Bricart les sommes
qui ensuiuent. Sçauoir; La somme de cent soixante liures qu'il
auroit touché sur le prix de la Brianderie, comme Procureur desdits Pens & Bricart, en laquelle somme de cent soixante liures,
ledit Pens auroit esté condamné rapporter ausdits creanciers
opposans sur le prix de ladite Brianderie, auec l'interest de ladite
somme, du iour que ledit Pens auroit payé icelle somme ausdits
creanciers : Pareillement la somme de cent cinquante liures &
interests d'icelle, ensemble la moitié des despens que ledit Mareschal auroit consenty à Maistre Zacarie Forme, de toucher
sur le prix desdits six arpens de terre, par sentence accordée le
deuxiesme Aoust mil six cens quarante-vn, outre & par dessus
ce qui estoit adiugé de preference audit Forme par la sentence
d'ordre du dernier Mars mil six cens quarante-vn, & afin de
recognoistre à quelle somme montoient lesdits interests desdites cent cinquante liures de moitié de despens trop touchez par
ledit Forme, representeroit dans quinzaine ledit Mareschal, autant du mandement deliuré audit Forme par ledit Commissaire de Laistre : Sur lequel mandement ladite sentence dudit iour
deuxiesme Aoust mil six cens quarante-vn, auroit esté consentie
par ledit Mareschal, sinon & à faute de ce faire dans ledit temps,

& iceluy passé des à present; sans qu'il fust besoin d'autre iugement, ledit Mareschal condamné rapporter la somme de cent quatre-vingts trois liures dix-sept sols, que ledit Forme auroit touché en vertu de ladite sentence dudit iour deuxiesme Aoust mil six cens quarante-vn, outre & pardessus les deux cens quatre-vingts seize liures, que deuoit porter le prix desdits dix arpens de terre des quatre cens quarante-six liures mentionnée en l'exécutoire des Requestes du Palais du vingt-sixiesme Octobre mil six cens vingt-neuf, dont ledit Forme estoit creancier, suiuant ladite sentence du dernier Mars mil six cens quarante-vn, auec les interests de ladite somme du iour que ledit Forme auroit touché icelle: sauf audit Mareschal son recours contre ledit Forme, ainsi qu'il aduiseroit bon estre, defences au contraire; Et sur la demande de trois cens liures pretenduë baillée par ledit Pens audit Mareschal pour empescher d'estre contraint à la consignation du prix de l'adiudication à luy faite desdits dix arpens de terre: Apres que Pattu Procureur au Chastelet, suiuant son requisitoire fait par ledit Pens, en la requeste par luy presentée le trentiesme Ianuier mil six cens quarante-trois, auroit esté mandé en la Chambre, & ouy le procez estant sur le Bureau, qui auroit dit ne sçauoir & ne se souuenir, ce que ledit Pens vouloit dire desdites trois cens liures, les parties auroient esté mises hors de Cour & de procez, pour ce regard & sur les demandes incidentes dudit Mareschal, pour les salaires & vaccations & argent pretendu par luy deboursé en plusieurs instances comme Procureur, tant dudit defunct Bordier, que de ladite Bricart & dudit Pens, contenus és defences dudit Mareschal du dernier Decembre mil six cens quarante-vn, & en trois requestes verbales des 15. Feurier, 4. & 14. Iuin 1642. les parties mises hors de Cour & de procez, payeroient neantmoins lesdits Pens & Bricart, suiuant leurs offres, les frais, salaires & vaccations & argent deboursé par ledit Mareschal des instances par luy poursuiuies depuis le deceds dudit Bordier durant les trois dernieres années, qui auroient immediatement precedé la demande inci-

dente qu'en auroit fait ledit Mareschal ledit iour dernier Decembre 1641. à l'exception comme deſſus, du contenu eſdites
trois requeſtes verbales des 15. Fevrier, 4. & 14. Iuin 1642. dont
leſdits Pens & Bricart auroient eſté purement & ſimplement
deſchargez, ſuiuant la taxe qui en ſeroit faite ſur les pieces qui
en ſeroient repreſentées par ledit Mareſchal, auroit recogneu
auoir receu ſur ſon regiſtre qu'il ſeroit tenu communiquer des
quittances que ledit Pens auroit repreſentées au procez, & autres ſi aucune il auoit, & ſauf à iceluy Pens, en procedant à ladite
taxe de cotter particulierement, ſi aucuns auoient eſté faits pour
les pourſuittes deſdites inſtances, & ledit Mareſchal condamné
és deux tiers des deſpens de l'autre tiers, euſt eſté de la part dudit
Mareſchal appellé à noſtre Cour de Parlement, en laquelle les
parties ouyes en leurs cauſes d'appel, & le procez par eſcrit conclud & receu pour iuger en icelle, entre icelles parties, ſi bien ou
mal auroient eſté appellé: joint les griefs hors le procez, pretendus moyens de nullité, & production nouuelle de l'appellant
qu'il pourroit bailler dans le temps de l'ordonnance, auſquels
griefs, pretendus moyens de nullité, leſdits Pens & Bricart in-
timez pourroient reſpondre, & contre ladite production nouuelle bailler contredits aux deſpens dudit appellant: Iceluy procez veu, griefs, reſponces, forcluſions de produire de nouuel
inſtance, outre ledit Mareſchal demandeur en ſommation ſuiuant ſa requeſte du 20. Nouembre 1643. & repliques du 23.
Ianuier 1644. à ce que ledit Forme fuſt condamné l'acquitter &
indemniſer de la pourſuite deſdits Pens & Bricart, & condemnation contre luy renduë au profit deſdits Pens & Bricart, de la
ſomme de quatre cens quarante-ſix liures ſeize ſols & intereſts,
d'icelle és deſpens adiugez par ladite ſentence du premier Avril
1643. meſme l'acquiter entierement de la ſomme de ſix cens
quatre-vingts dix-neuf liures ſept ſols, contenus au mandement dudit Commiſſaire de Laiſtre, compris ladite ſomme de
quatre cens quarante-ſix liures pour les intereſts d'icelle & deſpens, ſuiuant ladite ſentence du deuxieſme Aouſt 1641. luy en

rapporter acquit & defcharge, & faire en forte que ledit Marefchal ne fuft pourfuiuy ny inquieté, mefme luy en rendre ce qu'il feroit contrainct payer pour ce regard, auec dommages, interefts & defpens, demandant & defendant d'vne part, & ledit Forme defendeur d'autre. Appointement en droit, productions des parties, Requefte defdits Pens & Bricart du dernier Decembre 1644. & pieces attachées, Contredits dudit Marefchal par requefte du feiziefme Ianuier dernier. Autre requefte dudit Marefchal dudit iour feiziefme Ianuier, & interogatoires faits aufdits Pens & Bricart par le Confeiller Commis le huictiefme Mars 1644. auec la minute de ladite fentence du deuxiefme Aouft 1641. Attaches fignifiées & mifes au fac, & tout diligemment examiné. NOSTRE-DITE COVR, par fon jugement & Arrefts, a mis & met l'appellation & fentence de laquelle a efté appellé, au neant, émendant, a ordonné & ordonne, que la fomme de deux cens neuf liures pour les frais extraordinaires des criées defdits dix arpens de terre receuë par lefdits Pens & Bricart en vertu de ladite fentence de prouifion du troifiefme Iuin mil fix cens quarante-deux, leur demeurera & fera tenu ledit Marefchal leur rendre la fomme de cent foixante liures par luy receuë fur le prix de ladite Brianderie pour autre frais de criées dudit heritage, & neantmoins a condamné & condamne lefdits Pens & Bricart, payer audit Marefchal, les fommes de fix-vingts liures d'vne part, pour les frais, falaires & vaccations à luy deubs à caufe du compte d'execution teftamentaire & don mutuel par luy dreffé: cinquante liures d'autre, pour la pourfuite des criées des heritages acquis de Iean Bertault & Catherine Aubin, mentionnée en la demande dudit Marefchal du 15. Fevrier 1642. comme auffi tous & chacuns les frais, falaires & vaccations par luy debourcez & à luy deubs pour les procez & inftances par luy pourfuiuies, tant du viuant dudit Bordier, que depuis fon deceds, & pendant la viduité de ladite Bricart, fon fecond mariage auec ledit Pens, mefme à caufe de la pourfuite des criées & adiudication, tant defdits dix arpens de terre, que

Briauderie, dont ledit Marefchal baillera fa declaration pardeuant le Confeiller Rapporteur, pour eftre taxez en la maniere
accouftumée, fe purgeant par ferment ledit Marefchal fur ce
qu'il luy eft deub, & a efté par luy receu déduction faite de fes
quittances, que lefdits Pens & Bricart pourront rapporter & de
ce qui fe trouuera luy auoir efté payé fur tous lefdits frais, falaires & vaccations par fon regiftre, lequel à cette fin, il reprefen-
tera : ce faifant fur le furplus des demandes, fins & conclufions
refpectiuement prifes, enfemble fur la fommation dudit Marefchal, a mis & met les parties hors de Cour & de procez fans
defpens. Si MANDONS au premier noftre Huiffier ou Sergent le premier fur ce requis, à la requefte dudit Marefchal, le
prefent Arreft mettre à deuë & entiere execution felon fa forme
& teneur, De ce faire te donnons pouuoir. DONNE' à Paris en
noftre Parlement le vnziefme iour de Fevrier, l'An de grace
mil fix cens quarante-cinq. Et de noftre Regne le deuxiefme.
Par Iugement & Arrefts de la Cour. Signé, DV TILLET.

<hr>

Arreft de la Cour de Parlement donné au profit de Maflon Procureur.

ENTRE Maiftre Alexandre de Redon, Cheualier, fieur &
Marquis de Praufac, & Dame Claude de Pouilly, demandeurs en Requefte du 24. May dernier d'vne part; Et Maiftre
André Maflon Procureur en ladite Cour, defendeur d'autre.
VEV PAR LA COVR, ladite requefte & demande, à ce que
pour les caufes y contenuës, l'Appointement & condemnation
faict offrir par lefdits demandeurs audit defendeur fuft receu :
Ce faifant ledit defendeur condamné par corps de mettre dans
le iour és mains du Procureur qu'ils auroient nouuellement
conftitué au lieu dudit deffendeur, toutes & chacunes les pieces,
tiltres & procedures qu'il auoit appartenant aufdits demandeurs qui s'en chargeroit par vn bref inuentaire, à la charge
d'en aider audit deffendeur pour la taxe de fes frais, & qu'à

faute de rendre par ledit defendeur toutes lefdites pieces & procedures, il feroit tenu de tous les defpens , dommages & interefts efquels ils pourroient fuccomber enuers ceux qui les pourfuiuoient. Sommations de deffendre , Appointement à mettre par defaut, Deffences & repliques depuis fournies, & ce que lefdites parties ont mis & produit pardeuers le Confeiller commis; Ouy fon Rapport, tout confideré LADITE COVR a condamné lefdits de Redon & fa femme payer & rembourfer audit Maflon , tous & chacuns les frais, falaires , iournées & vaccations par luy faits , frayez & defbourfez en leurs procez & affaires qu'il baillera par declaration. Defduction faite de ce qui fe trouuera auoir fur ce receu: A cette fin exhibera fon regiftre & fe purgera par ferment, pour ce faict eftre procedé en la maniere accouftumée, Condamne auffi ledit Maflon rendre aufdits de Redon & fa femme dans huictaine , tous & chacuns les tiltres & papiers qu'il a à eux appartenant , luy en baillant defcharge au bas d'vn fommaire Inuentaire qui en fera par luy fait, & fe purgera par ferment, que par dol & fraude il n'en retient aucuns, fans qu'il puiffe eftre contraint rendre les procedures qu'il n'ait au prealable efté payé de fefdits frais , iournées, falaires & vaccations, condamne lefdits demandeurs és defpens liquidez à huict liures parifis. FAICT en Parlement le treiziefme Iuillet mil fix cens quarante-fept.

✳✳✳ ✳✳✳ ✳✳✳ ✳✳✳ ✳✳✳ : ✳✳✳ ✳✳✳ ✳✳✳ ✳✳✳ ✳✳✳ ✳✳

Arreft de la Cour de Parlement, donné au profit de Bruel Procureur.

ENTRE Maiftre Gabriel Bruel Procureur en ladite Cour, demandeur en Requefte du dix-huictiefme Decembre dernier, d'vne part ; Et Damoifelles, Marguerite, Marthe & Catherine Genebrias, ladite Catherine femme de Maiftre François Vidault Aduocat au Parlement de Bourdeaux , de luy authorifée Filles de deffunct Maiftre Leonard Genebrias, viuant, Aduocat en ladite Cour & au Siege Royal de Bellac , & de feuë

Suzanne de Verdillac leurs pere & mere, ayant repris l'inſtance
au lieu de ladite deffunĉte, deffendereſſes d'autre : Et entre leſdites de Genebrias eſdits noms, auſſi demandereſſes en Requeſte
du vingt-deuxieſme Iuin dernier, d'vne autre part, & ledit Bruel
deffendeur d'autre. Veu par la Covr ladite Requeſte & demande dudit Bruel du dix-huiĉtieſme Decembre, A ce que
pour les cauſes y contenuës, leſdites de Genebrias eſdits noms,
fuſſent condamnées payer audit Bruel tous & chacuns ſes frais,
ſalaires & vaccations des inſtances d'entre elles & Maiſtre François Fauconnet, Iean Poucharault, Ioachin Moudot, & Guillaume Papon, ſuiuant la taxe qui en ſeroit faite, & en ceux depuis faiĉts & de la preſente inſtance, offrant ledit Bruel affermer
qu'il n'auoit receu aucune choſe de ſeſdits frais & ſalaires, ſoit
de ladite deffunĉte ou d'autres pour elle. Sommations de deffendre par leſdites de Genebrias eſdits noms. Appointement à
mettre par deffaut. Deffences depuis fournies. Produĉtions
dudit Bruel. Sommations de produire par leſdites de Genebrias
eſdits noms. Ladite Requeſte & demande deſdites de Genebrias eſdits noms, du vingt-deuxieſme Iuin dernier, A ce que
pour les cauſes y contenuës, ledit Bruel fuſt tenu rendre & remettre inceſſamment és mains de ladite Catherine de Genebrias
ou de leur Procureur les quatre ſacs & pieces dudit procez qu'il
auoit retirées ; & pour ne l'auoir faiĉt en temps & lieu, qu'il fuſt
condamné en leurs deſpens, dommages & intereſts ſoufferts &
à ſouffrir, & au ſejour faiĉt & à faire par ladite Catherine Genebrias : & qu'à la reſtitution deſdits ſacs & pieces, ledit Bruel ſeroit
contrainĉt par toutes voyes de Iuſtice deuës & raiſonnables, &
condamné és deſpens. Sommations de deffendre. Appointement à mettre par deffaut. Deffences depuis fournies. Produĉtions deſdites de Genebrias eſdits noms. Sommations de produire par ledit Bruel. Ouy le Rapport dudit Conſeiller. Tout
conſideré. Ladite Covr faiſant droiĉt ſur leſdites Requeſtes,
A condamné & condamne leſdites Genebrias, payer & rembourſer audit Bruel, tous & chacuns les frais, ſalaires, iournées &

vaccations par luy faits, frayez & debourſez audit procez, qu'il
baillera par declaration. Deſduction faicte de ce qui ſe trouuera
auoir ſur ce receu. A cette fin exhibera ſon Regiſtre & ſe purgera par ſerment , Pour ce faict eſtre procedé à la taxe d'iceux
en la maniere accouſtumée, Condamne auſſi ledit Bruel rendre
auſdites de Genebrias eſdits noms dans huictaine les procedures dudit procez qu'il a retirées du Greffe, contenuës en quatre
ſacs, & autres qu'il pourroit auoir, ſe purgera par ſerment, que
par dol & fraude, il n'en retient aucunes, en luy payant prealablement ſeſdits frais, ſalaires & vaccations, & ſur le ſurplus leſdites parties hors de Cour & de procez, condamne leſdites de
Genebrias eſdits noms és deſpens de l'inſtance liquidez à huict
liures pariſis. Prononcé le treizieſme Iuillet mil ſix cens quarante ſept.

Arreſt de la Cour de Parlement donné au profit de Bruel.

ENTRE Damoiſelles Marguerite & Marthe Genebrias demandereſſes aux fins d'vne Requeſte par ellespreſentée à ladite Cour le quatorzieſme Aouſt dernier d'vne part, & Maiſtre
Gabriel Bruel Procureur en ladite Cour, deffendeur d'autre.
VEV PAR LA COVR ladite Requeſte & demande, à ce que pour
les cauſes y contenuës, le deffendeur fuſt condamné de mettre
inceſſamment és mains de Maiſtre François la Fleur Procureur
en ladite Cour & Procureur deſdites demandereſſes, les quatre
ſacs & pieces que ledit deffendeur auoit retirées du Greffe dela-
diteCour, & qu'à ce faire il ſeroit contrainct,tant par ſaiſie de ſes
biens qu'empriſonnement de ſa perſonne, aux offres que leſdites demandereſſes font de bailler bonne & ſuffiſante caution, ſi
aucune choſe eſtoit adiugé en diſinitifue audit defendeur.Som-
mations de deffendre. Appointement à mettre par deffaut. Defenſes depuis fournies & ce que leſdites parties ont mis & pro-
duict pardeuers ledit Conſeiller commis; Ouy ſon Rapport,
Tout

Tout confideré. LADITE COVR, fans s'arrefter à ladite Requefte, A ordonné & ordonne, que l'Arreft du treiziefme Iuillet mil fix cens quarante fept, donné entre lefdites parties, fera executé felon fa forme & teneur, defpens referuez. Faict en Parlement le feptiefme Septembre mil fix cens quarante-fept.

Autre Arreft donné au profit de Bruel fur l'infcription de faux, formée contre fon Regiftre.

VE v par la Chambre des Vaccations le deffaut obtenu en Parlement le vingt-troifiefme Aouft dernier, par Marguerite, Catherine, & Marthe Genebrias Damoifelles, demandereffes en faux, fuiuant l'acte du neufiefme dudit mois & an, contre Maiftre Gabriel Bruel Procureur en Parlement deffendeur, la demande fur le profit dudit deffaut. Signification d'iceluy au Procureur dudit deffendeur, dire, fournir par ledit Bruel auec les Arrefts des 13. Iuillet, 7. Septembre dernier, & autres pieces jointes & ce qui a efté produit, Tout confideré. DIT A ESTE', que ladite Cour fans s'arrefter à l'infcription en faux formée contre le Regiftre dudit Bruel, A ordonné & ordonne que lefdits Arrefts des 13. Iuillet & 7. Septembre dernier, feront executez, & fuiuant iceux procedé à la taxe des frais & falaires adiugez audit Bruel en la forme ordinaire, & en affermant par luy ledit Regiftre veritable, condamne lefdits demandeurs és defpens de l'inftance dudit deffaut & de tout ce qui s'en eft enfuiuy, lefquels feront taxez par mefme declaration que celle defdits frais & falaires. Prononcé le vingt huictiefme Septembre mil fix cens quarante-fept.

M

*Autre Arreſt de la Cour de Parlement donné au profit de Bruel, conte-
nant que les precedens ſeront executez.*

VEv par la Chambre des Vaccations la Requeſte preſentée le quatrieſme Octobre dernier, par Damoiſelles Marguerite, Catherine, & Marthe Genebrias, Contre Maiſtre Gabriel Bruel Procureur en Parlement, A ce que les Suppliantes
fuſſent receuës oppoſantes à l'execution de l'Arreſt du 28. Septembre dernier, faiſant droict ſur ladite oppoſition, ordonner que ledit Bruel ſeroit tenu dans le iour mettre ſon Regiſtre
au Greffe, & leſdites Suppliantes bailler leurs moyens de faux
dans le lendemain : autrement & à faute de ce faire, procedé au
jugement du deffaut baillé à iuger par icelles Suppliantes, le
profit duquel leur ſeroit adiugé, ledit Regiſtre declaré faux, leſdites Suppliantes deſchargées des condemnations portées par
ledit Arreſt, ledit Bruel condamné leur remettre leurs ſacs &
pieces dans le iour à ce contrainct par toutes voyes deuës & raiſonnables, meſmes par corps, auec condemnation de dómages
& intereſts, ſejour & deſpens, & meſmement que pour tirer plus
promptement les parties d'affaires, il ſeroit tenu de repreſenter
iceluy Regiſtre au jugement de l'inſtance & le mettre és mains
du Conſeiller Rapporteur, apres que les Suppliantes auroient
declaré, que pour tous moyens de faux & de nullité contre ledit
Regiſtre, elles auroient employé l'inſpection d'iceluy & le contenu en ladite Requeſte, ſur laquelle Requeſte auroit eſté ordonné que les parties parleroient ſommairement à l'vn des Conſeillers de ladite Cour. Deffences, Appointement à mettre. Productions des parties; Quy le Rapport dudit Conſeiller. Tout conſideré. LADITE CHAMBRE ſur ladite Requeſte & oppoſitions,
a mis & met les parties hors de Cour & de procez ſans deſpens.
FAICT en Vaccations le quinzieſme Octobre mil ſix cens quarante-ſept.

Autre Arreſt de la Cour de Parlement donné au profit de Morin, le Iongleur, & Falut Procureurs en la Cour.

VEv par la Cour en la Chambre de l'Ediƈt la Requeſte du trente vnieſme iour d'Avril mil ſix cens quarante-ſept, preſentee par Maiſtre Iean BIZOT Aduocat en la Cour, tuteur oneraire des enfans mineurs de deffunƈt Meſſire Adrian de Gayant Cheualier ſieur de Mincourt, demandeur d'vne part. Contre Maiſtre Euſtache Fallut, Pierre Iongleur, & Iacques Morin Procureur en ladite Cour, deffendeurs d'autre, à ce que les offres du demandeur de paſſer l'Appointement de condemnation aux deffendeurs fuſſent declarées bonnes & valables, & ſuiuant icelles, qu'iceluy demandeur audit nom fuſt condamné payer audit Fallut, le Iongleur & Morin, les frais, ſalaires & vacations des procez & inſtances, eſquelles ils auroient occupé pour ledit deffunƈt Gayant, deſduƈtion de ce qu'ils auroient receu: Et à cét effeƈt ordonné qu'ils repreſenteroient leurs Regiſtres qu'ils affermeroient veritable, & conſequemment iceux Fallut, le Iongleur & Morin, condamnez de mettre inceſſamment és mains du demandeur audit nom, toutes les pieces des inſtances & procez eſquels ils auroient occupé pour ledit deffunƈt, dont ledit demandeur audit nom ſe chargeroit de les repreſenter toutesfois & quantes que leſdits Fallut, le Iongleur & Morin en auroient affaire pour la taxe de leurs frais & ſalaires, ſans preiudice des autres droiƈts deſdits mineurs: Sur laquelle Requeſte auroit eſté ordonné que les parties parleroient ſommairemedt à l'vn des Conſeillers. Deffences, repliques, dupliques dudit le Iongleur, contenant ſes offres de rendre au demandeur, comme il auroit touſiours faiƈt, ou à ſon Procureur, tous les tiltres & papiers qu'il a audit deffunƈt de Gayant, en luy baillant deſcharge, ainſi qu'il auroit eſté ordonné par Arreſt, & non les procedures, & ſinon en payant. Appointement à met-

tre, productions defdits Bizot, Fallut, & le Iongleur : Sommation faite de produire audit Morin : Autre Requeſte du troiſiéme du preſent mois d'Aouſt preſentée par ledit Morin demandeur d'vne part, Contre ledit Bizot audit nom, & encores en
ſon nom deffendeur d'autre, à ce que ledit Morin fuſt receu op-
poſant à l'execution de l'ordonnance de parle ſommairement
appoſée au bas de ladite Requeſte dudit Bizot deboutée d'icelle, ſauf à luy à ſe pouruoir ainſi qu'il aduiſeroit bon eſtre, ou en
tout cas où la Cour iugeroit la retention n'eſtre neceſſaire, & en
conſequence de la Sentence des Requeſtes du Palais du trente-
vnieſme iour dudit mois de Iuillet dernier, Arreſts & Reglement de la Cour, ſes offres de bailler preſentement les tiltres &
originaux defdits mineurs ſi aucuns il y auoit, & procedures
bonnes & valables, en le payant prealablement de ſes ſalaires &
vaccations qui ſeroient taxez ſuiuant la declaration faite en
execution de ladite Sentence, & ledit Bizot condamné aux defpens en ſon nom : Sur laquelle Requeſte auroit auſſi eſté ordonné que ledit Conſeiller parleroit ſommairement aux parties.
Deffences, Appointement à mettre, production dudit Morin,
ſommation faite de produire au Procureur dudit Bizot. Requeſte dudit Morin du trente-vnieſme Aouſt dernier, à ce qu'en
procedant au iugement defdites inſtances, celle pendante entre
ledit Bizot & Morin aux Requeſtes du Palais pour la repreſentation de ſes quittances, circonſtances & dependances fuſt éuo-
qué, & ordonné que les parties viendront proceder ſuiuant les
derniers erremens : Sur laquelle Requeſte la Cour auroit reſer-
uée à faire droiᴄt en jugeant, le tout joinᴄt ; & ouy le Rapport
dudit Conſeiller, Tout conſideré. LADITE COVR a condamné
ledit Bizot audit nom, payer & rembourſer auſdits Fallut, le Iongleur & Morin les ſalaires, iournées & vaccations par eux faites,
payées & debourſées aux procez & inſtances où ils ont occupé
pour ledit deffunᴄt de Gayant, leſquels ils bailleront par declaration : Defduction faite de ce qui ſe trouuera auoir eſté par eux
receu : Et à cette fin exhiberont leurs Regiſtres & ſe purgeront

par ferment, pour ce faict eftre procedé à la taxe d'iceux pardeuant le Conseiller Rapporteur du present Arreft en la maniere
accouftumée, & outre condamné ledit Fallut, le Iongleur &
Morin rendre & remettre és mains dudit BIZOT audit nom dans
huictaine, tous les tiltres & enseignemens qu'ils ont appartenans à la fucceffion dudit deffunct de Gayant, leur en baillant
descharge au bas d'vn fommaire inuentaire qui en fera par
eux fait dans ledit temps, & se purgeront par ferment que par
dol ou fraude, ils n'en retiennent aucunes, fans qu'ils puiffent
eftre contrainects de rendre les procedures, qu'ils n'ayent efté auparauant payées de leurs frais, & ayant efgard à ladite Requefte
du trentiefme Aouft, a éuocqué & éuocque ladite inftance dont
eft queftion pendante aux Requeftes du Palais, Ordonne que
les parties procederont en icelle, fuiuant les derniers erremens
defpens referuez. Faict en Parlement en la Chambre de l'Edict
le feptiefme iour de Septembre mil fix cens quarante-fept.

Signé, BRVNEAV.

✦✧✦✧ ✦✧✦✧ ✦✧✦✧ ✦✧✦✧ ✦✧✦✧ ✦✧✦✧ ✦✧✦✧ ✦✧✦✧ ✦✧✦✧ ✦✧

Arreft de la Cour de Parlement, donné au profit de Mauger Procureur

VEv par la Cour en la Chambre des Vaccations le deffaut
obtenu en Parlement par Maiftre François Mauger Procureur audit Parlement, demandeur en condemnation de fraiz
& falaires, fuiuant fa Requefte du trentiefme iour du mois de
Iuillet dernier, Contre Iulliet Poultrain fieur de la Grande Ruë
deffendeur & deffaillant. La demande fur le profit dudit deffaut,
Signification d'iceluy au Procureur dudit deffendeur. Appointement offert. Sommation de le paffer. Copie de Requefte dudit deffendeur du vingt-feptiefme iour du mois de Septembre
dernier: & Requefte dudit demandeur employée pour refpon-
fe, & tout ce qui a efté par luy produit, Confideré. DIT A ESTE',
que ledit deffaut a efté bien & deuëment obtenu en adjugeant
le profit, a condamné & condamne ledit deffendeur payer &

rembourſer audit demandeur tous & chacuns ſes frais, ſalaires & vaccations faits és procez & inſtances dudit deffendeur. Deſduction faite de ce qui ſe trouuera ſur ce receu : A cette fin exhibera ledit demandeur ſon Regiſtre, & ſe purgera par ſerment, Ordonne que ledit Mauger, ſuiuant ſes offres, rendra audit deffendeur les tiltres & papiers qu'il a à luy appartenant, luy en baillant deſcharge au bas d'vn ſommaire inuentaire ſans en retenir, & dont il ſe purgera auſſi par ſerment, & ſans auſſi qu'il ſoit contrainct rendre les procedures ny l'executoire du vnziéme Aouſt mil ſix cens quarante-cinq, qu'il n'ayt au prealable eſté payé deſdits frais & ſalaires, condamné en outre ledit deffendeur és deſpens de l'inſtance dudit deffaut & de tout ce qui s'en eſt enſuiuy, qui ſeront taxez par meſme declaration. Prononcé le cinquieſme Octobre mil ſix cens quarante-ſept.

Signé, GVYET.

Collationné aux Originaux par moy Conſeiller, & Secretaire du Roy.

TABLE DES ARRESTS
CONTENVS EN CE RECVEIL.

De l'Imprimerie de IVLIAN IACQVIN, ruë des Massons
deuant l'Eglise de Sorbonne.